용혜원의 강의노트

# 성공하려면 상승기류를 타라

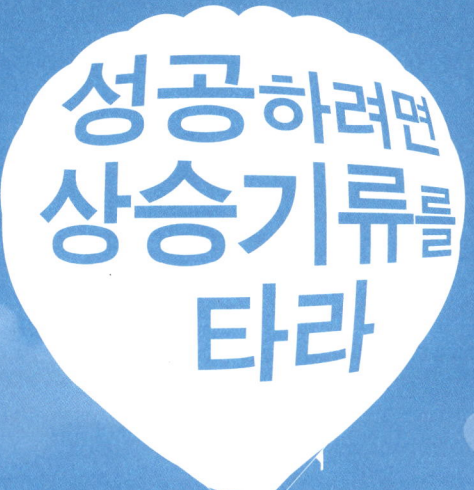

용혜원 지음

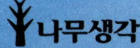
나무생각

 책머리에

오늘날 수많은 사람들이 삶을 아무런 의미 없이,
아무런 생각 없이 주어진 일을 하며 열정을 잃어버리고
맹목적으로 하루하루 살아가고 있습니다.
우리의 삶은 우리에게는 단 한 번 주어진 시간입니다.
너무나 소중한 삶이기에 최선을 다하여 살아야 합니다.
자신이 원하는 목표를 정하고, 그 목표를 성취하기 위하여
도전하고 이루어가며 멋지게 상승기류를 타야 합니다.
우리가 지닌 능력이 사용되는 것은 얼마나 놀라운 기쁨입니까?
우리가 원하고 바라던 일이 눈앞에서 이루어진다면 얼마나 행복한 일입니까?
우리가 최선을 다할 때 최대의 효과가 나타납니다.
가난도 떨쳐버리고, 나약함도 떨쳐버리고,
소외감도 떨쳐버려야 합니다.
자신이 원하던 일을 실제로 이루어놓는 기쁨은 얼마나 좋습니까?

삶에서 맛볼 수 있는 최고의 감동이며 기쁨입니다.
우리는 이 기쁨을 마음껏 누려야 합니다.
우리가 가지고 있는 모든 힘과 능력으로
삶을 멋지게 바꾸어놓아야 합니다.
시와 유머와 명언이 있는 "성공하려면 상승기류를 타라"라는 강의를 통하여 동기 부여를 받고 도전하여
힘과 용기를 얻는 분들이 많아지기를 바라는 마음입니다.
날마다 변화하는 세상에서 살아남는 것은
활발하게 살아서 움직이는 도전정신에서 시작됩니다.
가난과 나약과 비참의 그늘에서 벗어나
내일을 화창하게 살기 위하여
멋지게 상승기류를 타고 올라가야 합니다.

2012년 6월, 용혜원

## 차 례

책머리에 ……… 4

*1* 모든 삶에는 희망이 있다 ……… 8

*2* 목표를 분명하게 설정하라 ……… 40

*3* 가족을 뜨겁게 사랑하라 ……… 66

*4* 힘차고 당당하게 살아라 ……… 94

*5* 확신을 갖고 깡다구로 살아라 ……… 128

6 꾼이 되어 꾀를 살려라 ······ 152

7 인간관계의 끈을 잘 묶고 풀어라 ······ 174

8 화끈하게 살려면 질끈 동여매라 ······ 198

9 꼴을 제대로 갖춰라 ······ 218

10 끝을 제대로 끝내라 ······ 232

# 모든 삶에는 희망이 있다

## 1

희망은 어둠 속에서 시작된다.
일어나 옳은 일을 하려 할 때 고집스런 희망이 시작된다.
새벽은 올 것이다. 기다리고 보고 일하라. 포기하지 말라.

―앤 라모트―

안녕하세요! 여러분, 만나서 정말 반갑습니다. 오늘은 "상승기류를 타라"라는 제목으로 강의하겠습니다. 처음 만나면 얼마나 어색합니까? 우리 인사부터 할까요? 손을 다정하게 흔들면서 말하세요! "안녕하세요! 반갑습니다!" 옆 사람과도 인사를 나누죠! "안녕하세요!" 옆 사람과 정답게 손을 잡아보세요. 그리고 눈을 바라보면서 다정하고 따뜻하게 말해보세요. "친구야, 오늘따라 네가 땡긴다!"

살아가면서 정말 땡기는 것이 있어야 모든 것이 잘되고 행운이 있습니다. 술 한 잔을 같이 먹어도, 가락국수 한 그릇을 먹어도 소리까지 맛있게 먹는 사람과 함께 먹으면 정말 맛이 있습니다. 우리의 삶도 맛깔나게 살아야 합니다. 그리고 우리는 이런 사람이 됩시다. 한 번 따라 해보세요! "만나면 좋고, 함께 있으면 더 좋고, 떠나가면 그리운 사람이 되자!"

아침에 출근했을 때 그 사람만 보면 기분 좋은 사람이 있지요? 친척을 만나도 그 사람만 보면 기분이 좋은 사람이 있고, 동창회에 나가도 그 친구만 보면 기분이 좋아지는 사람이 있습니다. 우리 모두 그런 사람이 됩시다. 옆 사람 손을 다시 잡아보세요. 그리고 다정하게 말하세요! "친구야, 아침에 출근하면 컴퓨터만 보지 말고 인사 좀 해라! 오늘따라 정말 땡긴다. 밥 한 번 사라!"

여러분들 모두 부자가 되고 싶지요? 돈을 쓸 때 이렇게 쓰면 부자가 된다고 합니다. "돈아, 너를 먼저 보내서 미안하다. 다음에 올 때는 친구들과 같이 와라!" 그럴듯하지요? 그러므로 우리는 항상 행운을 불러들이고, 웃음을 불러들여서, 웃으면서 행복하고 즐겁고 신나게 살아야 합니다.

> 월터 바조트는 "인생에 있어서 가장 큰 기쁨은 그대가 할 수 없다고 세상이 말하는 일을 해내는 것이다"라고 말했습니다.

우리 모두 열정이 가득한 20대의 젊은이들처럼 다 같이 한 번 큰 소리로 외쳐봅시다.

"인생에 있어서 가장 큰 기쁨은 그대가 할 수 없다고 세상이 말하는 일을 해내는 것이다!"

우리는 바로 이런 삶을 살아야 합니다. 우리가 평생 동안 해나가는 일에 우리 스스로가 놀라고 세상이 놀랄 정도로 모두가 공유하고 행복할 수 있는 일들을 해내는 것입니다. 다른 사람들이 당신은 절대로 못 한다고 하는 것을 우리는 해내야 합니다. 다른 사람들이 당신에게는 전혀 가능성이 없다고 하는 일을 우리는 해내야 합니다. 다른 사람들이 너 같은 사람은 죽어도 못 한다는 일을 성취해서 그들 앞에 보여줘야 합니다. 늘 지고, 쓰러지고, 엎어지고, 비겁해지고, 초라해지고, 나약해지고, 뒤처져서 우울해지는 삶이 아니라 남 앞에 강하고 당당하게 설 수 있는 삶을 살아야 합니다.

용기와 꿈을 갖고 도전해야 합니다. "너는 할 수 없다"고 하는 일을 분명하고 확실하게 해내야 합니다. 우리에게 단 한 번 주어지는 소중한 삶을 값있게, 보람차게 살아야 합니다. 자신의 웅대한 꿈을 하나씩 하나씩 이루면서 사는 재미와 기쁨과 살맛을 만끽하며, 철저하고 충실하게 자신의 삶을 만들어가야 합니다.

매사에 의욕이 있고 즐겁게 일할 수 있다는 것은 실천할 용기가 있다는 것입니다. 강하고 담대한 열정과 용기가 없으면 절대로 자긍심을 얻을 수 없고, 의욕도 도전정신도 사라지고 맙니다. 열심이 없는 사람은 허튼짓에 시간을 허비하여 삶을 엉망진창으로 만들어놓습니다. 삶은 장난이 아닙니다. 절박한 현실입니다. 우리의 삶을 졸작이 아니라, 모조품이 아니라, 최고의 걸작으로 만들어야 합니다. "네가 이럴 일을 할 줄은 정말 몰랐다. 너는 대단하다!"라는 말을 들어야 합니다.

자, 우리 두 손을 들고 가슴이 벅차도록 열정적으로 외쳐봅시다!

"세상아, 내가 여기 있다! 나를 써라!"

어떻습니까? 소리를 지르니까 기분이 좋죠!

가족과 주변 사람들에게 늘 말하는 것입니다. "나는 잘될 거야! 두고 봐! 멋지게 해낼 테니까!" 이렇게 늘 긍정적으로 말해야 합니다. 그리고 미친 듯이 자신이 하고자 하는 일에 전력질주하는 것입니다. 뒤돌아볼 틈도 없이 인생에 주어지는 한 번의 기회를 놓치지 말고 멋지게 해내는 것입니다. 가슴이 후련해지고 속이 다 시원하지 않습니까? 우리 다 같이 가슴이 탁 트이도록 큰 소리로 한 번 외쳐봅시다.

"아! 아! 아!"

시원하시죠. 우리의 삶도 가슴이 탁 트이도록 살아봅시다. 비장한 각오를 다짐하며 즐겁게 살아갑시다.

아내와 함께 제주도 올레길을 걸으면서 바다를 보고 이렇게 시 한 편을 썼습니다.

**바다**

바다를 보니
한순간에
가슴이 탁 터지는데
파도는 자꾸만 밀려와서
그리움을 만들어놓는다

바다를 보면 속이 시원해집니다. 그래서 사람들이 답답하고 지루하고 삶이 복잡하게 느껴지면 바다를 찾는 것입니다. 바다를 바라보면 한순간에 가슴이 열리고 시원하고 상쾌해지기 때문입니다. 밑바닥의 삶이 얼마나 어둡고 절망스럽고 고통스러운지 알고 있다면, 어깨에 날개를 달아 날고 싶을 것입니다. 방 한 칸 얻을 수 없을 때의 괴로움, 먹을 것 없고, 공과금 낼 돈도 없고, 직장도 없고, 아무것도 해낼 수 없는 어려움에서 벗어나야 합니다. 매일 지고 눌려 사는, 소외된 삶에서 벗어나야 합니다. 가슴이 탁 트이고 후련해지도록 살아갑시다. 행운이 찾아오고 행복을 누리는 삶을 살아야 합니다. 사람답게 사는 인생을 살아야 합니다. 가난도, 고통도, 절망도, 시련도, 실패도 그 아픔이 얼마나 처절하고 비굴하게 느껴지는지 아는 사람만이 상승기류를 타고 삶을 바꾸어놓을 수 있습니다.

 아무리 좋은 씨앗이 있어도 씨앗 보관소에만 보관되어 있으면 아무 소용이 없습니다. 좋은 씨앗은 땅에 뿌려져야 합니다. 우리도 세상이라는 들판에 마음껏 뿌려져야 자라고 열매를 맺을 수 있습니다. 모든 것을 갖춘 사람도 일하지 않고 노력하지 않으면 녹슬고 쓸모없게 됩니다. 아무리 좋은 옷도 입지 않으면 옷이 아닙니다. 아무리 좋은 그릇도 사용하지 않으면 소용이 없습니다. 인생도 마찬가지입니다. 세월은 우리를 가만히 놔두지 않습니다. 우리의 열정과 도전정신을 세상이라는 밭에 마음껏 뿌려서 열매를 맺어봅시다. 세상이라는 열정의 바다에 우리 마음의 장작을 다 던져서 불태워야 합니다.

 이 세상을 살아가는 사람은 세 종류가 있다고 합니다. 꼭 필요한 사람, 있으나 마나 한 사람, 있어서는 안 될 사람입니다. 우리는 이 세상에 남을 꼭 필요한 사람이 되어야 합니다. 어떤 사람이 '사람 인 (人)'을 다섯 번 써서 편지를 보냈다고 합니다. 그 숨은 뜻은 바로 이것입니다. '사람이면 사람이냐, 사람다운 사람이라야 사람이지.' 사람답게 살려면 자기가 해야 할 일은 약속을 지키는 것처럼 꼭 해야 합니다. 본격적으로 강의를 시작하기 전에 우리의 감성이 따뜻해지도록 시 한 편 낭송해 드리겠습니다.

### 우리 살아가는 날 동안

우리 살아가는 날 동안
눈물이 핑 돌 정도로
감동스러운 일들이
많았으면 좋겠다

우리 살아가는 날 동안
가슴이 뭉클할 정도로
감격스러운 일들이

많았으면 좋겠다

우리 살아가는 날 동안
서로 얼싸안고
기뻐할 일들이
많았으면 좋겠다

너와 나 그리고
우리 모두에게
온 세상을 아름답게 할 일들이
많았으면 정말 좋겠다
우리 살아가는 날 동안에


박수를 한 번 쳐주시기 바랍니다. 그럼 강의 분위기를 만들기 위해 몇 가지 재미있는 이야기를 소개하겠습니다. 마음의 문이 먼저 열려야 인생의 문이 활짝 열립니다. 우리 삶에는 재미가 있고, 기대가 있고, 감동이 있어야 합니다. 우리 삶에는 꿈과 웃음과 마음의 여유가 있어야 합니다. 어느 날 아주 못생긴 여자가 파티에 초대되었습니다. 그런데 이게 웬일입니까? 그중에서 제일 잘생긴 남자가 뚜벅뚜벅 앞으로 걸어오더니 미소를 띠고 정중하게 손을 내밀면서 말했습니다. "저와 함께 춤을 추시겠습니까?" 여자는 너무나 황홀해서 온몸을 다 던져서 춤을 추었습니다. 그리고 행복한 얼굴로 물었습니다. "이 파티에 아름다운 여자들이 이렇게 많은데 왜 나같이 못생긴 여자를 선택했나요?" 남자는 환한 미소를 지으며 말했습니다. "오늘은 자선파티입니다!" 우리 삶에는 이렇게 뜻하지 않은 일들이 생겨날 것입니다. 언제나 기분 좋게 받아들여야 행운이 찾아옵니다.

노부부가 어느 날 드라이브를 했습니다. 집에서 멀리 떠나왔는데 아내가 말했습니다. "여보, 큰일 났어요! 가스 불에 냄비를 올려놓고 그냥 나왔어요. 집에 불이 날까 걱정이에요." 이 말은 들은 남편이 웃으면서 말했습니다. "괜찮아요. 나는 수도를 틀어놓고 왔어요!" 어려운 일을 당해도 마음의 여유를 갖고 대처하면 모든 일이 잘 풀리게 마련입니다.

어느 동창회에 친구들이 모여들었습니다. 서로 반가워하며 안부를 물었습니다. "자네 요즘 어떻게 지내나?" "나야 전에 하던 일 계속하지 뭐." "우리는 은퇴해서 할 일 없이 놀고 있는데 너는 대단하다. 어떤 일인데?" "집에서 노는 일이지 뭐!" 우리의 삶 속에는 늘 웃음보따리가 많습니다! 날마다 즐겁게 삽시다! 내가 행복하면 온 세상이 다 행복하게 보이는 것입니다.

**마크 트웨인은 "우리가 죽었을 때 장의사도 슬퍼하도록 멋지게 살자!"라고 말했습니다.** 얼마나 멋지고 아름다운 삶을 살았으면 장의사까지도 그 사람의 죽음을 슬퍼하겠습니까. 우리 그런 삶을 삽시다. "우리는 만나면 왜 그리도 좋을까! 나를 만나면 당신에게 좋은 일이 있을 것입니다." 이렇게 말하면서 가족과 주변 사람들을 위하여 행복하게 일하며, 행복을 나누어 주며, 삶에 보람을 느끼며 살아야 합니다. 나 때문에 행복해지고, 나 때문에 즐거워지고, 나 때문에 웃을 수 있는 사람이 이 세상에 많아진다면 그보다 더한 행복이 어디에 있겠습니까? 이런 맛, 이런 재미 때문에 살아가는 것이 아닙니까? 남들이 우리 삶을 보고 **"나도 저 사람처럼 살고 싶다"** 는 마음이 생기도록 살아야 정말 살맛나고 신명나게 사는 삶입니다.

삶을 살아가다 보면 때때로 기가 막히고, 가슴이 찢어지고, 절망이 끝에 대롱대롱 매달린 듯 앞뒤가 막히는 시련과 역경, 고난도 있습니다. "이 세상에서 왜 나만 이렇게 어렵고 고독할까? 왜 나만 늘 쓰러지고 어려운 걸까? 넓고 넓은 세상에서 왜 나를 도와주는 사람이 하나도 없을까?" 그러나 그 고난과 역경을 이겨냈을 때 그 기쁨은 최고의 기쁨이 되는 것입니다.

늘 뒤처져 있지 말고, 인생을 반전시키고, 역전시키고, 추월해나 갈 수 있는 힘과 저력을 만들어야 합니다. 주변에서 보면 늘 긍정적이고 적극적이고 활동적이며 행복한 웃음을 짓는 사람들이 자신의 일을 분명히 해냅니다. 성공하려면 상승기류를 타야 합니다. 한순간이 아니라 평생토록 꾸준히 상승기류를 타야 합니다. 독수리가 하늘을 날아가듯이 멋지게 상승기류를 타야 합니다. 성경 〈이사야〉 40장 31절을 보면 "오직 여호와를 앙망하는 자는 새 힘을 얻으리니 독수리가 날개 치며 올라감 같을 것이요, 달음박질하여도 곤비하지 아니하겠고 걸어가도 피곤하지 아니하리라"고 말씀하고 있습니다.

해외여행 갈 때 비행기를 타면 쭉 상승기류를 타다가 도착지에서 하강하여 내립니다. 물고기도 살아 있는 물고기는 작은 물고기일지라도 폭포를 뛰어올라 상류까지 가지만, 아무리 커다란 물고기일지라도 죽어 있다면 물결을 따라 흘러갈 수밖에 없습니다. 우리가 어떤 일이든 처음 시작할 때는 용기도 없고 자신도 없지만 땀과 눈물과 피를 흘려서 하면 안 되는 일이 없습니다.

액자 속에 있는 바다는 파도치지 않습니다. 그려놓은 바다는 파도치지 않습니다. 살아 있기에 고통도, 절망도 파도치는 것입니다. 그래서 시인 롱펠로는 "누구의 인생이든 비는 내린다"라고 했습니다. 캐딜락을 타고 다녀도 비는 내립니다. 아무리 좋은 아파트에 살아도 비는 내립니다. 아무리 좋은 직책을 갖고 있어도 비는 내리는 것입니다. 아무리 좋은 환경, 좋은 여건, 좋은 배경을 갖고 있어도 누구에게나 비는 내리는 것입니다. 고난을 이겨내는 힘이 상승기류를 타게 합니다. 단 한 번뿐인 삶에서 꼭 필요한 사람이 되어야 합니다. 만나면 좋은 사람, 함께 있으면 좋은 사람이 되어야 합니다.

### 함께 있으면 좋은 사람

그대를 만나던 날
느낌이 참 좋았습니다

착한 눈빛, 해맑은 웃음
한 마디, 한 마디 말에도
따뜻한 배려가 있어
잠시 동안 함께 있었는데
오래 사귄 친구처럼
마음이 편했습니다

내가 하는 말들을
웃는 얼굴로 잘 들어주고
어떤 격식이나 체면 차림 없이
있는 그대로 보여주는
솔직하고 담백함이
참으로 좋았습니다

그대가 내 마음을 읽어주는 것만 같아
둥지를 잃은 새가
새 둥지를 찾은 것만 같았습니다
짧은 만남이지만
기쁘고 즐거웠습니다

오랜만에 마음을 함께
맞추고 싶은 사람을 만났습니다

마치 사랑하는 사람에게

> 장미꽃 한 다발을 받은 것보다
> 더 행복했습니다
>
> 그대는 함께 있으면 있을수록
> 더 좋은 사람입니다

    벨타 아담스 백쿠스는 "우리 삶은 마라톤과 같다. 처음 출발이 빠르다고 끝까지 빠른 것도 아니고, 출발이 조금 늦었다고 반드시 마지막까지 늦는 것은 아니다. 무엇보다도 중요한 것은 처음부터 끝까지 달릴 수 있다는 확신과 또 그것을 가능하게 하는 능력과 자신감이다"라고 말했습니다. 처음에 남보다 늦게 출발할 수 있습니다. 남보다 부족한 것이 있을 수 있습니다. 남보다 초라하고 나약할 수 있습니다. 남보다 준비되지 않을 수 있습니다. 남보다 가진 것이 없을 수 있습니다. 그러나 인내심을 갖고 노력하는 사람에게는 원하던 일이 언젠가 눈앞에 보이는 현실이 된다는 것을 알 수 있습니다. 흐르는 세월에 장사가 없다고 하지만 노력하며 인내하면 열심의 결과가 우리가 원하던 일들을 이루어줍니다.

앙골라 속담에 이런 말이 있습니다. **"작은 씨를 비웃지 말라. 언젠가는 종려나무가 된다."** 이 세상에 존재하는 모든 나무들은 아주 작은 씨앗에서 시작된 것입니다. 산과 들에 있는 큰 나무들도 아주 작은 씨에서 시작되어 큰 나무가 되었다는 사실을 기억하며 우리의 꿈과 비전을 이루어가야 합니다. 우리의 삶도 하루하루 최선을 다할 때 최대의 결과를 눈앞에서 볼 수 있습니다. 지금보다 30배, 60배, 100배의 결과를 보게 되는 것입니다. 젊었을 때 반짝 성공하는 것이 아니라 황혼이 짙어가도록 인생 전반에 걸쳐서 꾸준히 상승기류를 타야 합니다. 삶의 모든 순간이 경험이고 체험이고 재료입니다. 슬픔도, 고통도, 절망도, 역경도 모두가 성공의 밑바탕이 되는 재료입니다. 마음의 사진관에 아름다운 시절을 만들어놓을 수 있도록 언제나 최선을 다해 시절을 좇아서 열매를 맺으며 상승기류를 타야 합니다. 세월이 지난 후에도 지나온 모든 것들이 가장 아름다운 추억이 될 수 있도록 살아야 합니다.

꿈은 모든 사람의 삶에 꼭 필요한 재산이며 최후의 희망입니다. 지금 우리가 가진 것이 없다 하더라도 꿈이 있다면 어떤 일이라도 다시 새롭게 시작할 수 있습니다. 우리의 마음밭은 어떻게 관리하고 가꾸느냐에 따라서 그 모습이 달라질 수 있습니다. 늘 활기차게 살아갈 수도 있고 쓰레기더미와 방심과 낙심 속에 버려둘 수도 있습니다. 우리 삶은 우리가 어떻게 만드느냐에 따라 전혀 다른 결과를 만들게 됩니다. 상승기류를 타려면 분명한 꿈과 열정, 자신감 그리고 달인처럼 웃으면서 신나게 일할 수 있는 능력이 있어야 합니다. 주변에 보면 꼭 이런 사람이 있습니다. "저 사람은 왜 그렇게 잘될까? 무슨 일을 하든지 잘된다." 우리 스스로가 그런 사람이 되어야 합니다! 하는 일마다 정말 신기할 정도로 잘되는 사람이 되어야 합니다! 꿈과 열정을 마음껏 쏟아부어야 합니다. 이 지상에 나 때문에 행복할 수 있는 사람이 있다면 삶을 살아가는 큰 이유가 될 것입니다. 자신이 하고 있는 일에 보람을 느끼며 살아야 합니다.

시작이 반이라는 말이 있습니다. 아름다운 해변도 한 알 한 알의 모래가 모이고 쌓여서 이루어졌습니다. 아름다운 숲도 나무 한 그루 한 그루가 심어지고 자라나서 이루어지는 것입니다. 우리는 머뭇거리지 말고, 서성이지 말고, 기웃거리지만 말고 시작해야 합니다. 우리는 놀라운 일들을 해낼 수 있습니다. 우리는 열정과 기쁨을 갖고 힘차게 출발해야 합니다. 의지가 적으면 나약해지듯이, 결심이 약하면 결과도 초라해집니다. 우리는 자신에게서 부족한 점만 골라내지 말고 장점을 찾아내야 합니다. 몸도, 마음도, 정신도 뻣뻣해지고 굳어지면 찾아오는 불청객은 병과 절망뿐입니다. 우리는 우리가 갖고 있는 좋은 점, 그 장점을 확대해나가야 합니다. 우리가 자신감과 열정을 갖고 있으면 어떤 어려운 일들도 잘 이겨낼 수 있습니다.

어떤 고난과 시련과 역경도 최선을 다하며 인내하는 사람을 막지 못합니다. 투지에 불타는 사람을 막지는 못합니다. 끝까지 해보겠다는 열망을 막을 수는 없습니다.

우리 안에는 자신도 미처 몰랐던 거대한 능력이 있습니다. 우리는 자신의 능력을 마음껏 발휘하고 쓸 수 있는 능력자가 되어야 합니다. 언제나 남보다 한 템포 빠르게 움직여야 합니다. 뒤처지면 아무것도 할 수 없습니다. 게을러지기 시작하면 안 됩니다. 이미 늦은 것입니다. 늘 부지런하게 발 빠르게 행동해야 합니다. 오늘날 자기 분야에서 성공한 사람들은 대부분 과거에는 소심하고 나약했던 사람들이 많습니다. 그러나 어느 날 자신의 모습을 새롭게 발견하고 새로운 각오와 결의로, 가슴에서 일어나는 강한 확신으로 내일을 향해 달려온 사람들인 것입니다.

> 에픽테토스는 "어떠한 일도 갑자기 이루어지지 않는다. 한 알의 과일, 한 송이의 꽃도 그렇게 되지 않는다. 나무의 열매조차 금방 열리지 않는데 하물며 인생의 열매를 노력도 하지 않고 조급하게 기다리는 것은 잘못이다"라고 말했습니다.

이 세상에 그 어떤 일도 눈 깜박할 사이에 이루어지는 것은 없습니다. '눈 감았다 떴더니 인생이 달라졌다'라는 일은 있을 수 없습니다. 모든 것이 노력의 결과입니다. 그러므로 피와 땀과 눈물과 열정은 성공을 만드는 최고의 재료입니다. 이 재료는 누구에게나 있습니다. 이 재료가 없이 이루어진 성공은 가짜입니다. 그러므로 상승기류를 멋지게 타고 성공하려면 언제나 몰입, 집중, 열정이 꼭 필요합니다!

상승기류를 타려면
사람을 만나고
사람을 좋아하고
사람을 감동시켜야 합니다.
성공은 사람 속에서 이루어집니다!

골프선수 최경주는 골프대회 우승으로 19억의 상금을 탔습니다. 그는 이렇게 말했습니다. "그동안 잘 비행하다가 또 다른 도약을 위해 잠시 착륙했다. 이제 정비가 끝났다. 이륙만 하면 된다." 영국의 대중지 〈더 선〉은 박지성 선수를 이렇게 표현했습니다. "맨유의 진정한 소리 없는 영웅 박지성은 상대가 무엇을 하든 부숴버렸다." 야구선수 박찬호는 "시련도 내려놓으면 가벼워진다. 다시 시작하면 된다"고 말하며 언제나 최선을 다하며 선수생활을 하고 있습니다. 상승기류를 타는 사람들의 생각과 행동이 분명히 다르다는 것을 잘 알아야 합니다. 늘 불평을 일삼는 사람들은 모든 일에서 잘못된 것만을 보지만, 긍정적인 사람은 어려운 상황에서도 기회를 새롭게 만들어놓습니다. 언제까지 정비만 하고 준비만 할 것입니까? 도약해야 합니다. 실천해나가야 합니다. 우리의 눈앞에 확실하게 보이도록 이루어가야 합니다.

상승기류를 타는 데 가장 큰 장애는 바로 자신이 될 수 있습니다. 자신의 잘못된 생각과 습관을 바꿔야 합니다. 상승기류를 막는 부정적인 생각을 몰아내야 합니다. 고정관념, 아집, 똥고집을 확 던져버려야 합니다. 긍정적인 생각으로 즐겁게 일해야 합니다.

롱펠로의 "세계의 넓은 싸움터에서, 인생의 야영에서, 말 못 하며 끌려다니는 소처럼 되지 말고 전투의 영웅이 되라"는 말처럼 우리는 자신의 분야에서 영웅이 되고 전문가가 되어야 합니다. 실패의 끝은 성공입니다. 가난의 끝은 부자의 시작입니다.

"얻어먹은 빵이 얼마나 딱딱하고, 남의집살이가 얼마나 고된 것인가를 스스로 경험해보라. 추위에 떨어본 사람이 태양의 소중함을 알듯이, 인생의 힘겨움을 통과한 사람만이 삶의 존귀함을 안다. 인간은 경험을 통해서 조금씩 성장해나간다" 는 단테의 말을 기억해야 합니다. 가난을 경험하지 못하고 실패를 경험하지 못했다면 성공을 해도 진정한 성공이 아닙니다. 실패와 가난을 처절하게 알아야 성공의 기쁨도 더욱 놀라운 것이 됩니다.

제2차 세계대전 때 크레이턴 메이브램 장군과 그가 인솔하던 부대는 적군에게 모두 포위되고 말았습니다. 이때 장군은 낙심하지 않고 오히려 용기백배하여 이렇게 말했습니다. "전쟁이 시작된 이래 처음으로 우리는 지금 사방을 공격할 수 있는 절호의 기회를 맞았다." 사방이 포위를 당했으면 절망할 상태입니다. 그러나 그는 장병들과 용기 있는 작전을 펴 결국 승리를 만들어냈습니다.

사방에 포위를 당했어도 하늘은 열려 있고 희망은 있습니다. 자신의 삶에 다가온 고통과 절망을 기회 삼아 승리한 사람들이 성공한 사람들입니다. 가슴이 답답하고 도저히 견딜 수 없는 절망적인 상황도 어떻게 받아들이고 어떻게 대처하느냐에 따라 전혀 다른 결과를 가져오게 됩니다.

제임스 버크는 "위험은 도전하지 않으면 성장하지 못한다. 모든 성공적 기업은 실패로 가득하다"고 말했습니다.

프로근성을 가져야 합니다! 프로근성을 가진 사람은 자기 일에 책임을 지는 사람입니다. 어떠한 상황에서도 흔들리지 않고 평정심을 유지하여 발 빠르게 움직이고 자신의 가치관을 잃지 않는 사람입니다. 프로란 자신과의 약속을 지키며 매일매일 한 가지씩 발전하고 노력하는 사람입니다. 프로는 자신의 일에 전문가, 장인, 명장이 되는 것입니다. 뒤로 미루는 습관을 버리고 남보다 한 발 빠르게 민첩하게 행동해야 합니다! 프로권투 헤비급 챔피언인 제임스 콜베트는 성공의 비결을 한 번 더 도전하는 근성이라고 말했습니다.

"1라운드만 힘내서 싸우면 챔피언이 된다.
지쳤지만 한 번 더 힘을 내 링 한복판으로 뛰어들라.
팔이 너무 아파서 들어 올리기조차 힘들더라도
마지막이라고 생각하고 한 번만 더 팔을 뻗어라!
코피가 나고 눈이 멍들고 너무 힘들어서
차라리 상대방이 어서 때려눕혀주었으면 하는
생각이 들더라도 마지막으로 한 번만 더 싸워라!
한 번 더 싸우겠다는 정신으로 달려드는 사람은 결코 죽지 않는다.
인간에게는 두 번, 세 번, 네 번 심지어 일곱 번이라도 도전할 수 있는 잠재력이 있다."

상승기류를 탄 사람은 한순간에 높은 곳에 오른 것이 아닙니다. 주변 사람들이 피곤해서 단잠을 잘 때 일찍 일어나 일을 하고 고난과 역경을 이겨내며 자신이 하고자 하는 일에 몰입했던 것입니다. 삶은 결코 게으른 자에게 기회를 가져다주지 않습니다. 목표를 향하여 한 걸음 한 걸음 목표를 이루어낼 때까지 걸어가야 합니다.

상승기류를 타려면 언제나 부지런해야 합니다. 미국의 한 철도회사에서 두 사람이 도랑 파는 일을 하고 있었습니다. 한 사람은 일을 시작한 지 얼마 되지 않았고 한 사람은 똑같은 일을 수십 년 동안 계속해온 사람이었습니다. 일을 시작한 지 얼마 안 되는 젊은이가 물었습니다. "어제저녁에 회장님 리무진에서 내린 사람이 선배님이 아닙니까?" 나이 든 사람이 말했습니다. "자네 말이 맞네. 회장님과 같이 저녁을 먹었다네." 젊은 사람이 이상해서 다시 물었습니다. "아니, 어떻게 회장님과 같이 식사를 하십니까?" "회장과 나는 오래전부터 잘 아는 친구 사이일세. 우리는 똑같이 오래전에 도랑 파는 일을 했다네. 회장은 꿈을 갖고 날마다 일을 했고 나는 돈만 벌려고 일을 했다네!"

성공하는 사람은 일을 즐겁게 합니다. 자신의 일에 책임을 집니다.

불평하지 않고 매사에 적극적이고 긍정적입니다. 자신이 가진 능력을 극대화해야 합니다. 뱃사람의 솜씨를 알 수 있는 것은 폭풍우가 몰아치고 태풍이 불고 파도가 거세게 칠 때이고, 장수의 용기를 볼 수 있는 곳은 바로 전쟁터입니다. 가장 위험한 순간에 처했을 때 사람의 됨됨이를 알 수 있습니다. 말로 표현하는 것보다 행동으로 옮겨야 합니다. 행동해야 합니다. 성공의 100%는 시작에 달려 있습니다.

우리는 성공한 미래에 대한 그리움을 갖고 살아야 합니다. 꿈은 간절히 바라는 것입니다. 《탈무드》에 보면 유대인들은 고기를 잡아주기보다는 고기 잡는 방법을 알려준다고 했습니다. 현실에 안주하기보다 미래를 열어주는 것이 중요합니다.

> 링컨은 "나는 어릴 때 집안 형편이 어려워 온갖 고생을 하며 자랐다. 겨울이 되어도 팔꿈치가 드러나는 헌옷을 입었고, 발가락이 나오는 헌 구두를 신었다. 그러나 젊은 시절의 고생은 희망과 끈기와 근면을 배우는 하늘의 은총이라 생각하지 않으면 안 된다"고 말했습니다.

근심과 걱정 속에 삶을 살아가는 것은 바보 같은 인생을 살아가는 것입니다. 윌리엄 셰익스피어는 말했습니다. "걱정은 인생의 적이다." 걱정은 과거에 사로잡혀 있는 것입니다. 쓸데없는 근심 덩어리인 과거를 던져버려야 합니다! 그리고 이렇게 외쳐야 합니다! "과거야! 가라! 가서 행방불명이 되어라!" 근심이라는 흔들의자가 성공을 만들어놓지 못합니다. 근심과 걱정의 올무에서 벗어나야 합니다.

자신의 삶에 열정을 갖는 사람이 성공합니다. 기쁨이 있는 사람은 웃음이 있습니다. 웃음이 좋은 것은 긴장에서 벗어날 수 있게 만들어주기 때문입니다. 웃음은 우리의 마음에 여유를 줍니다. 긴장해 있거나 여유가 없는 사람은 웃음이 없습니다. 자신을 바로 알고 삶을 즐겁게 표현할 줄 알아야 합니다. 우리 삶을 풍요롭게 만드는 것은 머리에 있지 않고 자신 안에 있습니다. 웨스트민스터 대성당 지하묘지에 있는 한 영국성공회 주교의 무덤 앞에는 이런 글이 적혀 있다고 합니다.

### 어느 주교의 기도

내가 젊고 자유로워서 상상력의 한계가 없을 때에는
나는 세상을 변화시키겠다는 꿈을 가졌었다.

좀 더 나이가 들고 지혜를 얻었을 때
나는 세상이 변하지 않으리라는 것을 알았다.
그래서 내 시야를 약간 좁혀
내가 살고 있는 나라를 변화시키겠다고 결심했다.
그러나 그것 역시 불가능한 일이었다.
황혼의 나이가 되었을 때
나는 마지막 시도로 나와 가장 가까운
내 가족을 변화시키겠다고 마음을 정했다.
그러나 아아, 아무도 달라지지 않았다.
이제 죽음을 맞이하기 위해 자리에 누워 나는 문득 깨닫는다.
만약 내가 나 자신을 먼저 변화시켰더라면
그것을 보고 내 가족이 변화되었을 것을.
또한 그것에 용기를 얻어
내 나라를 더 좋은 곳으로 바꿀 수 있었을 것을.
그리고 누가 아는가, 세상까지도 변화되었을지!

상승기류를 타려면 나 자신이 먼저 기쁨 속에 살아가야 합니다. 기뿜 속에 살아가는 사람은 열정이 넘칩니다. 열정은 뜨거운 정신입니다. 뜨거운 열정으로 사는 사람이 멋진 사람입니다. 무기력을 극복할 수 있는 방법은 열정을 쏟는 것입니다. 운동을 할 때도 땀이 나도록 해야 운동의 맛이 제대로 납니다. 성공을 하려면 뜨거운 열정을 쏟아야 합니다. 강물은 흘러가면서 어떤 이유나 핑계도 말하지 않습니다. 자신이 갖고 있는 열정을 다 쏟아서 스며들고 흘러서 바다로 갑니다. 우리는 성공이라는 바다로, 행복이라는 바다로 흘러가야 합니다. 강물은 온몸을 펼쳐서 바다로 흘러갑니다. 비가 내릴 때 나는 인생의 비결을 배웠습니다. 빗물이 겸손해지면 시냇물이 되고, 시냇물이 겸손해지면 강물이 되고, 강물이 겸손해지면 바다가 됩니다. 우리 삶도 마찬가지입니다. 돈이 많아져도 직책이 높아져서 권력을 가져도 늘 물같이 겸손한 마음으로 살아야 합니다.

우리는 열정을 가지고 도전하는 삶을 살아야 합니다. 미래가 기다리고 있으니 열정의 온도를 높여야 합니다. 물은 99도에서는 끓지 않습니다. 물을 끓이려면 100도가 되어야 합니다. 성공하려면 열정을 다 쏟아부어야 합니다. 프랭클린 아담은 "도전을 두려워하지 말라. 도전해보지 않고서는 당신이 무엇을 해낼 수 있는지 알 수 없다"고 말했습니다. 열정이 있는 사람은 자신감이 넘쳐납니다. 젊은 날에 흘리는 땀과 눈물은 웃음으로 다시 찾아옵니다. 고난과 역경을 극복했을 때 더 강해질 수 있습니다.

　삶은 두 갈래 길이 있습니다. 성공하는 길과 실패하는 길입니다. 자신의 미래를 바라보며 나쁜 상상을 하지 말고 행복한 상상, 멋진 상상을 해야 합니다. 자신의 잠재의식에 멋지게 성공한 모습을 그려야 합니다. 성공의 열쇠는 바로 열정입니다. 열정이 있는 사람과 열정이 없는 사람의 차이는 엄청납니다. 열정이 있는 사람들은 세상을 바라보는 눈과 행동이 다릅니다. 우리 삶은 단 한 번뿐입니다. 서성거리거나 망설일 시간이 없습니다. 분명한 목적을 가지고 도전하여 성공해야 합니다.

　성공의 가장 무서운 적은 무엇입니까? 나폴레온 힐은 이렇게 말하고 있습니다. "성공의 가장 무서운 적은 우유부단, 의심, 두려움이다. 의심과 두려움에 사로잡혀 있는 한 우유부단할 수밖에 없다. 우유부단은 두려움이 싹터서 자라는 것이다. 이때 우유부단은 의심으로 구체화되고 그 둘이 합쳐져 두려움을 만든다." 그러므로 결심만 하지 말고 행동으로 옮겨야 합니다. 젊은이라면 아무런 두려움 없이 세상이라는 바다에 열정의 그물을 던져야 합니다. 환경이나 조건, 여건만을 탓하지 말고 자신의 삶을 열정으로 새롭게 만들어야 합니다.

　우리의 삶은 꿈과 비전을 마음껏 펼쳐나가는 무대입니다. 무대 위에서 춤을 추는 사람을 바라보십시오. 무대 위에서 연주하는 사람들을 바라보십시오. 모든 분야의 달인을 바라보십시오. 얼마나 열정적으로 즐겁게 감동하며 일하고 있습니까. 아무리 좋은 배라도 항구에 정박되어만 있으면 고철에 불과합니다. 젊은이라면 자신에게 있는 가능성을 현실로 바꾸어나가야 합니다. 젊은이라면 멋지게, 신나게, 열정적으로 살아야 합니다. 톨스토이는 이렇게 말했습니다. "이 세상에서 가장 중요한 때는 바로 지금이고, 가장 중요한 사람은 지금 당신과 함께 있는 사람이고, 가장 중요한 일은 지금 당신 곁에 있는 사람을 위해 좋은 일을 하는 것이다. 이것이 우리가 이 땅에 살고 있는 이유다." 지금 이 순간 열정을 쏟아야 합니다.

상승기류를 타려면 자신을 확신하며 뛰어들어야 합니다. 도전정신은 돈으로 살 수 없습니다. 자기가 스스로 만들어야 합니다. 내일을 향하여 도전하며 살아간다면 자신의 눈앞에서 변화된 자신의 모습을 발견하게 될 것입니다. 심장이 뜨겁도록 최선을 다하는 삶을 살아야 할 것입니다. 그렇게 한다면 젊은이들의 내일은 화창할 것입니다. 사진으로 찍어놓은 바다, 그림으로 그려놓은 바다는 파도치지 않습니다. 살아 있기에, 성공하려고 도전하기에 가슴에 시련과 고통의 파도가 치는 것입니다. 이 모든 것을 이겨내는 힘은 열정입니다.

삶의 주인공이 되고 프로가 되기 위해 용기를 내어 멋지게 살아가야 합니다. 열정을 갖고 살아서 삶을 감동으로 만들어야 합니다. 미래는 우리를 기다리고 있습니다. 윌링턴은 "그대가 하고 싶은 모든 착한 일을 충분히 하지 못한다 하더라도 낙심하거나 절망하지 말라. 만약 그대가 큰 가치가 있다고 생각하는 높은 곳에서 떨어지거든 다시 올라가도록 노력하기 바란다. 우리 삶에 있어서 시련은 어디까지나 겸손함으로 견뎌내야만 한다. 그리고 스스로 분별하여 자기 자신의 출발점으로 되돌아가도록 해야 한다"고 말했습니다.

기쁨이 있는 사람은 삶을 즐겁게, 기쁨 속에서 살아갑니다. 기쁨 속에 살면 열정이 생기고 웃음이 가득해집니다. 웃음은 밑천이 하나도 들지 않지만 이익은 막대합니다. 주어도 주어도 줄지 않고 받는 사람이 풍성해집니다. 한순간의 일에 불과하더라도 그 이익은 영원히 남을 수 있습니다. 아무리 부자라도 이것 없이는 못 살고 아무리 가난한 사람도 이것만 있으면 풍성할 수 있습니다. 가정에는 행복을, 사업에는 선의를 가져다줍니다. 미소는 우정의 구름다리가 되고, 피로한 사람에게는 휴양이 되고, 실의에 빠진 사람에게는 광명이 됩니다. 또 슬퍼하는 자에게는 태양이 되고, 고민하는 자에게는 자연이 주는 해독제가 됩니다. 웃음은 돈을 주고 사는 것도, 강요당하는 것도, 빌리는 것도, 훔치는 것도 할 수 없습니다. 거저 줌으로써 비로소 값이 나갑니다. 우리는 웃으며 기쁘게 살아가는 사람들을 좋아합니다. 그렇다면 자신도 그런 사람으로 살아가며 자신의 일에 최선을 다하며 열정을 쏟으며 살아야 합니다.

우리는 영화 〈록키〉의 대사를 기억해야 합니다. "인생은 얼마나 센 펀치를 날릴 수 있는가가 중요한 것이 아니라 끝없이 맞으면서도 조금씩 앞으로 전진하며 하나씩 얻어가는 게 중요한 것이다."

### 나를 만들어준 것들

내 삶의 가난은 나를 새롭게 만들어주었습니다
배고픔은 살아야 할 이유를 알게 해주었고
나를 산산조각으로 만들어놓을 것 같았던
절망들은 도리어 일어서야 한다는 것을
일깨워주었습니다

힘들고 어려웠던 순간들 때문에
떨어지는 굵은 눈망울을 주먹으로 닦으며

내일을 향하여 최선을 다하며 살아야겠다는
다짐을 했을 때 용기가 가슴속에서 솟아났습니다


내 삶 속에서 사랑은 기쁨을 만들어주었고
내일을 향해 걸어갈 수 있는 힘을 주었습니다


사람을 만나는 행복과 사람을 믿을 수 있고
기댈 수 있고 약속할 수 있고
기다려줄 수 있는 마음의 여유를 주었습니다


내 삶을 바라보며 환호하고
기뻐할 수 있는 순간들은
고난을 이겨냈을 때 만들어졌습니다
삶의 진정한 기쁨을 알게 되었습니다

# 목표를 분명하게 설정하라

## 2

목표는 주의를 집중하는 것이다.
인간의 의식은 분명한 목적 없이는 목표 달성을 향해 움직이지 않는다.
목표를 설정할 때 성공은 이미 시작되는 것이다. 목표를 설정하는 그 순간
스위치가 켜지고 물이 흐르기 시작하고 성취하려는 힘이 현실화되는 것이다.

―린 데이비스―

　목표가 분명한 사람이 사람들과 소통을 잘하고 남을 배려할 줄 알고 칭찬할 줄 압니다. 상승기류를 타려면 목표가 분명하게 자리 잡고 있어야 합니다. 이루기 위해서 설정해놓는 것이 목표입니다. 상승기류를 타고 오르는 기쁨을 만끽하려면 분명한 목표의식이 있어야 합니다. 목표의식이 없으면 게을러지고 무능해집니다. 나약해지고 소심해지고 무질서해지고 힘이 없어집니다. 그 어떤 것에서도 성취감 속에 보람을 느낄 수 없습니다.

　우리는 고난과 역경을 이겨내면서 성장합니다. 외로움과 아픔과 슬픔과 한을 녹여서 상승기류를 타야 제대로 탈 수 있습니다. 처절한 한이 녹아 흘러내려야 인생의 맛을 제대로 표현하고 느낄 수 있습니다. 한풀이가 아니라 한이 녹아내려 멋진 인생을 살아야 합니다. 아픔이 있어야 밑바탕이 쉽게 흔들리지 않습니다. 우리는 머리로도 살아야 하지만 때때로 가슴으로 살아야 합니다.

비는 내려야 하고, 바람은 불어야 하고, 파도는 쳐야 하고, 꽃은 피어야 하고, 사랑은 뜨거워야 하고, 인생은 꼭 멋지게 성공하며 살아야 합니다. 우리 삶은 단 한 번뿐입니다. 무사태평하게 살아가는 것보다 목표를 정하고 이 세상에서 무슨 일인가를 제대로 한 번 이루기 위한 도전을 시도하는 것이 인생을 바르게 사는 것입니다. 자신의 삶을 아무런 목표도 없이 농담처럼 말해서는 안 됩니다. 진심으로 말해야 합니다. 강의를 하면서 사람들에게 꿈과 목표를 물어보면 대부분의 사람들이 "아무 생각이 없다"고 말합니다. 생각 없이 살면 날마다 그 타령이고 재미도 없고 기쁨도 없는 삶을 살게 됩니다.

"목표가 없는 사람들은 목표를 가진 사람들에게 이용당할 것이다"라는 수전 파울러 우드링의 말처럼 목표가 없는 사람은 늘 이용만 당하는 불행한 삶을 살게 됩니다. 목표가 없으니 모든 것이 엉망진창이 되고 의미가 없어집니다. 목표가 없으면 시간을 낭비할 수밖에 없고 그만큼 다른 사람에게 뒤처지는 것입니다. 힘든 노력 없이 획득한 성공은 아무런 가치가 없습니다. 역경이 없으면 성공도 없습니다. 목표가 없는 삶은 아무런 결과를 얻을 수가 없습니다. 남에게 도움만 청하고 구걸하는 삶을 살아갈 수밖에 없습니다. 세상에 공짜는 없습니다. 내달리지 않으면 아무런 일도 일어나지 않고 성공의 문턱에도 들어갈 수 없습니다. 그러나 대부분의 사람들은 발등에 불이 떨어지지 않으면 아무것도 하지 않습니다. 삶을 복지부동으로 살아가면 자신에게 돌아올 소득은 전혀 없게 됩니다. 아무 목적도 없이, 아무 생각도 없이 살면 눈빛마저 흐려지고 의욕도 없어지고 살맛이 나질 않는 것입니다.

  이 세상의 모든 나무들이 싹을 돋아내야 줄기가 자라고 가지가 자라고 큰 나무가 되어 열매를 풍성하게 맺습니다. 우리의 생각과 행동이 달라진다면 이 세상에 못 할 일은 없습니다. 우리가 목표를 만들고 도전하는 것은 우리의 생각에서부터 출발합니다. 그러므로 우리가 어떤 생각을 갖고 행동하느냐에 따라 인생이라는 나무에 열매를 맺을 수도 있고, 단 하나의 열매도 못 맺을 수 있습니다.

  성공한 사람들을 보면서 자신과는 하늘과 땅 차이라고 생각하는 것은 커다란 잘못입니다. 상승기류를 꾸준히 타면 우리도 그런 삶을 살 수 있습니다. 우리의 삶도 달라질 수 있습니다. 우리는 살면서 수많은 축복을 누리며 살고 있습니다. 그러므로 부족한 것을 바라보지 말고 지나간 불행의 순간들을 다 던져버려야 합니다. 새로운 마음으로 살아갈 때 행복은 조금씩 더 많이 찾아오는 것입니다.

  폴 마이어는 성공의 비결에 대하여 이렇게 말하고 있습니다. "모든 것을 실현시키고 달성시키는 열쇠는 목표 설정이다. 나에게 어떻게 해서 성공을 했느냐고 묻는다면 75%는 목표 설정에 있다고 단언할 수 있다. 인간은 현재의 얼굴과 바라는 얼굴인 두 개의 얼굴을 가지고 있는데, 이 두 얼굴은 대체로 겹쳐지지 않는다. 그래서 불평불만이 나오고 결국은 실패의 비극을 맛보게 된다. 단순한 꿈과 목표는 다르다. 꿈은 정적인 생각이고 목표는 동적인 행동이다." 삶의 목표가 분명하고 정확해야 확실하게 이루어갈 수 있습니다.

> 삶 속에는 역경도 있고 즐거움도 있다.
> 기회를 잡을 수 있고 만들 수 있다.
> 상황이 나를 만드는 것이 아니라
> 내 생각을 변화시켜 내일을 만들어가는
> 상황을 만들어야 한다.

나의 삶은, 나의 인생은 바로 내가 만들어가는 것입니다. 누군가의 마음대로 만들어질 수 없습니다. 다른 사람이 내 인생을 마음대로 만든다면 허수아비 인생, 꼭두각시 인생을 사는 것입니다. 스스로 자신의 삶을 만들어가야 합니다. 사람들은 모두 다릅니다. 이 세상에 똑같은 것은 없습니다. 각자 개성을 갖고 살기에 더 아름다운 조화를 만들어낼 수 있습니다. 세상이 모두 나만 비난하는 것 같을 때도 힘을 내야 합니다. 살아감 속에서 아무런 이유 없이 마음이 불안할 때도 용기를 내야 합니다. 이렇게 되면 안 되는데 싶을 정도로 절망스러운 일들이 생기더라도 실망하지 말고 소망을 가져야 합니다. 일이 자꾸만 꼬여갈 때도 풀어낼 수 있다는 마음의 여유를 찾아야 합니다.

우리는 윌리엄 제임스의 말을 기억해야 합니다. "아무리 뛰어난 명언을 많이 알고, 아무리 좋은 자질을 갖추고 있더라도 기회가 올 때 구체적으로 행동하지 않으면 인격은 조금도 향상되지 않는다. 아무리 좋은 의도라 할지라도 가지고 있기만 하면 인생은 그야말로 지옥에 관한 한 폭의 그림이 될 뿐이다." 거대한 산에 오르고 싶다면 자연을 사랑하고 아끼는 마음을 가져야 하듯이 인생의 상승기류를 타려면 그에 맞는 인품을 갖추어야 합니다.

큰 꿈이 있는 사람은 결코 방종하거나 타락하지 않습니다. 큰 꿈을 이루어가는 사람들은 큰 행운을 갖고 살아가는 아주 특별한 인물입니다. 이 특별한 인물은 누구나 될 수 있습니다. 꿈을 갖고 실행하는 사람들은 누구나 될 수 있는 것입니다. 꿈을 갖고 있을 때 자신감과 자긍심이 생겨납니다. 꿈이 없으면 아무런 변화도 일어나지 않습니다. 꿈이 없으면 모든 것을 잃어버리게 됩니다. 꿈이 없으면 의욕이 없어지고 인품도 잃고 사랑도 잃고 사람답게 살아가지도 못합니다. 꿈이 실현될 때의 행복한 자신의 모습을 상상한다면 상승기류를 타야 합니다.

> 헨리 포드는 "목표를 달성한 대대수의 사람들은 '내가 어떻게 성공했는가?'라고 말하지 않는다. '드디어 해냈다!'라고 탄성을 지른다"고 말했습니다.

우리는 살아가며 참된 인생의 행복을 만들기 위하여 도달할 목표를 설정해야 합니다. 목표를 끝까지 이루어가는 것은 옳고 바른 정신이 단단히 받치고 있는 것이며, 성공의 최대 조건이 됩니다. 목표가 없다면 아무리 좋은 조건과 배경을 가졌다 할지라도 방황하게 되고 헛되이 시간을 낭비하게 될 뿐입니다. 우리에게 분명하고 확고한 목표가 없다면 아무것도 이루지 못할 것입니다. 목표가 분명하고 그것이 옳다고 확신하면 밀고 나가 성공을 만들어놓아야 합니다.

목표가 분명하다면 그 목표가 이미 이루어진 것처럼 무의식에 새겨 넣어야 합니다. 목표가 이미 이루어졌다고 상상하는 사이에 내면의 마음은 자신이 원하는 노력의 결과를 만드는 도전에 착수할 것입니다. 중요한 것은 오직 현재 자기에게 주어진 목표를 똑바로 바라보고 나가야 한다는 것입니다. 다른 사람들과 비교할 필요가 없습니다. 우리가 확실한 목표를 가지고 잠재력을 발휘하면 상상을 초월하는 일들이 일어나기 시작할 것입니다.

　도스페소스는 "우리는 현실만을 보고 살아가고 있는 것은 아니다. 좀 더 내일을 바라보며 미래 속에 함께하는 꿈을 바라보며 살아가는 것이다. 우리는 현재보다 좀 더 아름다운 것을 바라보고, 좀 더 의젓한 것을 원하고, 좀 더 반듯하고 보람 있고 든든한 것을 희망하고 있다. 즉, 우리는 때 묻은 현실에 있으면서 때 묻지 않은 꿈을 향하여 걸어가고 있다. 만일 우리가 맑고 고운 꿈을 꾸지 않는다면 때 묻은 현실을 씻을 수가 없다"고 했습니다. 아무리 현실이 초라하고 부족해도 내일을 바라보며 살아야 합니다.

　상승기류를 타고 최고에 도달하려면 밑바닥에서 시작해야 합니다. 밑바닥은 더 이상 내려갈 곳도 없고 노력해서 오르기만 하면 됩니다. 자신의 삶이 세상에 외롭게 내동댕이쳐졌다는 생각을 과감하게 버려야 합니다. 나는 내가 할 일이 있어 태어났고 꼭 할 일이 있어서 살아간다는 확신을 가져야 합니다. 자신을 과대평가하지도 말고, 과소평가하지도 말고, 있는 모습 그대로 시작하여 내면의 힘을 키워나가야 합니다. 인생을 쓰레기더미로 만들지 말고 보배덩어리로 만들어야 합니다. 우리는 우리가 생각하는 것보다 더 놀라운 일들을 해낼 수 있습니다. 자신이 갖고 있는 생명의 에너지와 열정을 마음껏 쏟아내야 합니다. 어떤 일을 하든지 그 분야에서 최고가 될 수 있다면 그것은 상승기류를 타서 성공한 것입니다. 자신이 원하던 자리에 있는 모습을 마음속에 그려보고 이루어가면 그 행복은 최고의 기쁨이 될 것입니다. 자신이 원하던 것을 눈앞에 현실로 보는 기쁨을 누려야 합니다. 우리는 항상 자신의 분야에서 최고가 되는 것을 원하며 하나씩 이루어가야 합니다. 목표가 없고 이룰 수 있는 무엇도 없다면 평생 동안 후회하는 삶을 살 것입니다.

오랫동안 전국에 강의를 다니면서 수많은 사람들에게 물어보았지만 꿈이 없는 사람이 90% 이상이었습니다. 태도가 좋고 인품이 좋은 사람들이 가장 멋지게 상승기류를 탑니다. 막연하게 잘 살고 싶다, 돈을 벌고 싶다는 생각보다는 구체적인 목표를 정하여 달려들어야만 합니다.

자, 주먹을 꽉 쥐고 가슴이 탁 트이도록, 속이 다 시원해지도록 세 번만 외쳐보시기 바랍니다!

나는 꿈이 있다!
나는 꿈이 있다!
나는 꿈이 있다!

자, 옆에 있는 사람에게 말해봅시다! "친구야, 한번 해보자! 우리 인생 정말 멋지게 상승기류를 타보자!" 상승기류를 타려면 목표가 분명해야 합니다. 열정이라는 장작더미를 한 번도 활활 타오르게 불 지르지 않았다면 헛된 삶을 사는 것 아닙니까? 자신감이 넘쳐야 합니다. 돈을 저축해야 합니다. 있는 자에게 더 들어오는 것이 돈의 법칙입니다. 행복하고 즐거운 상상에 빠져야 합니다. 뜨거운 열정을 가져야 합니다. 절대로 해서는 안 되는 일은 하지 않는 자제력을 가져야 합니다. 모든 일에 최선을 다해야 합니다. 다른 사람에게 호감을 주어야 합니다. 일에 집중하고 몰입해야 합니다. 실패의 끝은 성공입니다. 실패를 이겨내야 합니다. 주변 사람들과 잘 어울려야 합니다. 남을 이해하고 사랑해야 합니다.

나에게도 삶의 목표가 있습니다. "내 키만큼 책을 쓰겠다. 성공학 강의를 일 년에 500번 해보겠다. 세계일주 여행을 해보겠다. 시집을 만 권 이상 읽겠다. 아내와 세계여행을 하겠다." 이 꿈들이 그대로 이루어지고 있습니다. 151권의 책을 출판했더니 책이 내 키를 훌쩍 넘었습니다. 시집은 2만 5천 권 이상 읽었습니다. 내가 소장하고 있는 시집이 만 권이나 됩니다. 어떤 시집은 열 번, 스무 번 읽었습니다. 시를 읽으면 읽을수록 소중하고 아름답게 느껴졌습니다. 내가 표현하지 못하는 많은 것들을 수많이 시인들이 삶의 경험을 통해서,

체험을 통해서 썼기에 모든 시인들에게 감사할 뿐입니다. 성경을 300독 이상 했습니다. 성경은 읽으면 읽을수록 보배로운 생명의 말씀입니다. 1년 500번 강의를 해보았습니다. 항상 긍정적인 생각을 하며 '하루에 한 번씩 강의가 들어오면 1년 내내 강의를 하게 될 것이다'라고 생각했더니 강의를 정말 많이 하는 강사가 되었습니다. 아내와는 세계여행을 순차적으로 계속하여 많은 나라를 가보았습니다. 목표가 있으면 이루기 위하여 노력하고 그 결실을 삶 속에서 맛볼 수 있습니다. 삶이 기대되고 흥미롭고 즐거워집니다. 일하는 기쁨을 누리고 가족들과 행복하게 살아갈 수 있습니다.

  우리는 분명히 알아야 합니다. 이 지상에 영원히 머무를 사람은 단 한 사람도 없습니다. 모두 다 떠나가야 합니다. 언젠가 떠나야 한다면 아름다운 추억을 만들며 살아야 합니다. "삶이란 한 줌의 모래를 쥐었다 피면 은빛 모래 몇 조각 남는 추억뿐이다"라는 말이 있습니다. 나보다는 남을 위한 삶을 살아야 추억도 아름답게 남습니다. 어느 해인가 바다를 찾았는데, 연인들이 바닷가 모래 위에 "사랑해"라는 고백도 적어놓고 오고 가며 사랑을 속삭이는 모습이 아름다웠습니다. 집으로 돌아오는 길에 짧은 시 한 편에 마음의 여운을 담았습니다.

### 바닷가

수많은 연인들이
바닷가에 사랑의 흔적을
남겨놓고 떠나가지만
파도는 밀려와서
다음 연인들을 위해서
모두 다 지워버리고 떠나간다

 삶 속에 누군가 함께했던 시간들을 기억해주고 행복했다고 말할 수 있도록 살아야 합니다. 히라노 히데노리는 "이 세상을 떠날 때 가지고 갈 수 있는 것은 돈이 아닌 감동이라는 추억뿐이다"라고 했습니다. 아름다운 추억을 남기려면 인생이라는 줄을 욕심껏 당기기만 하면 안 됩니다. 욕심껏 당기기만 하면 줄은 끊어질 수밖에 없습니다. 감았다 풀었다 해야 합니다. 끊어져도 다시 잘 묶어서 살아야 합니다.
 거짓과 추악한 욕망과 욕심 속에 살지 말아야 합니다. 진실이 파도친다면 마음의 골목길에는 가슴을 적시며 잔잔히 흘러도 좋을 추억이 아름답게 남습니다.

> 프리드리히 니체는 "인생의 목적은 끊임없는 전진이다. 사람들은 자기 자신을 세우며 올라가려고 한다. 아득히 먼 곳을 응시하며 이 세상의 것이 아닌 미를 보려고 한다. 때문에 인생은 높이가 필요하다. 높이가 필요하기 때문에 계단이 필요한 것이며, 계단과 그것을 올라가는 사람들의 갈등이 필요한 것이다. 삶은 올라가려고만 한다. 올라가면서 자기를 극복하려고 하는 것이다"라고 말했습니다.

일산 호수공원을 걷고 있는데 노부부가 산책을 나와 걷는 모습을 보게 되었습니다. 힘이 드는지 아내가 남편에게 말했습니다. "어이 가!" 남편이 몇 발자국을 걷더니 "어이 와!" 하며 기다렸다가 함께 걷더니 또다시 "어이 가!" "어이 와!" 하는 모습이 계속해서 반복되었습니다. 노부부의 정겨운 모습이 아름다워 한참 동안 바라보았습니다. 그동안 삶을 얼마나 정겹게 살아왔으면 이토록 다정한 모습으로 살아갈까. 노부부에게는 가슴속에 남아 있는 추억이 많을 것만 같아 정이 확 느껴졌습니다. 가족을 행복하게 만드는 사람들이 진정으로 행복하고 성공적인 삶을 살아가는 것입니다. 우리는 남편과 아내에게 혹 이런 생각을 하며 살아가는 것은 아닙니까? "어이 가! 빨리 먼저 가!" 이런 생각을 하고 산다면 참으로 불행한 삶입니다.

마크 트웨인은 말합니다. "앞으로 20년이 지나면 당신은 당신이 한 일보다 하지 못한 일 때문에 후회할 것이다. 그러니 닻을 올려 안전한 포구를 떠나라. 당신의 돛에 무역풍을 가득 안고 출발하여 탐험하라. 꿈꾸라. 그리고 발견하라."

우리는 삶이라는 가지에 사랑의 열매가 열리도록 가족과 이웃과 동료들과 함께 어울리며 생활 속에 아름다운 장면들을 많이 만들어야 합니다. 지나간 세월 속에 가끔씩 떠올라도 박수 치며 좋아할 스냅사진 같은 멋진 추억을 남겨놓아야 합니다.

## 꿈

나는 꿈을 말할 수 있으므로 행복하다
나는 꿈을 이룰 수 있으므로 노력한다

> 나는 꿈을 표현할 수 있으므로 말한다
> 나는 꿈이 있기에 활기차게 살아간다
> 나는 꿈이 확실하게 보이기에 찾아간다
> 나는 꿈을 내 품에 안기 위해 도전한다
> 나는 꿈을 성취하는 기쁨을 알기에 꿈을 꾸고 도전한다

강화도에서 강의를 끝내고 나오는데 한 젊은이가 불렀습니다. "강사님! 강사님 만나러 왔어요! 16년 전 강의시간에 꿈을 말하고 이 책을 받았는데 이루어져서 만나러 왔어요!" 강의하러 다니는 강사로서 느낄 수 있는 최고의 행복입니다. 요즈음 "예전에 강의를 들었는데 취직해서 강사님 생각이 나 다시 초대했습니다"라는 말을 들으면 보람을 느낍니다. 나는 부족하다는 것을 알기에 언제나 최선을 다하며 살아가고 있습니다. 상승기류를 타는 기쁨을 알기 때문입니다. 주변에서 성공하는 사람을 살펴보시기 바랍니다. 항상 변화를 시도하고 열정을 갖고 최선을 다해 살아갑니다. 절대로 멈추지 말아야 합니다! 서성거리지 말아야 합니다! 과거를 그리워하지 말아야 합니다!

부자가 되고 싶다면 돈에 집중하자.
건강해지고 싶다면 건강에 집중하자.
행복해지고 싶다면 행복에 집중하자.

성공이라는 과녁에 열정의 화살을 쏘아 명중시켜야 합니다. 상승 기류를 타려면 생각과 마음이 움직이고 행동해야 합니다. 생각을 즐거운 상상으로 바꿔야 합니다. 생각을 긍정적이고 적극적인 생각으로 바꾸어야 합니다. 마음에 단단히 각오를 하고 굳건하게 다짐해야 합니다. 행동하고 움직여나가야 합니다. 인생은 역전되고 반전되는 것입니다. 전력투구해야 합니다. 상승기류를 탄 사람들은 모두 다 모든 열정과 에너지, 노력을 쏟아 자신의 일을 해낸 사람들입니다.

남의 이야기를 만들기 위하여 사는 것이 아니라 자기 스스로의 이야기를 만들며 살아야 합니다. 우리는 영화를 보고 나면 어느 사이에 영화의 모든 것을 다 잊어버립니다. 삶도 마찬가지입니다. 결국에는 망각 속에 사라지고 맙니다. 그러므로 살아 있는 동안에 찬란하게 빛을 발하며 살아야 합니다. 딴생각이나 쓸데없는 짓을 하면 그만큼 에너지가 잘못 소비되는 것입니다. 사사로운 일, 사소한 일에 시간과 열정을 소비할 필요가 없습니다. 언제나 최선을 다할 때 성공한 후 자신의 모습이 얼마나 위대한 것인가를 알게 될 것입니다. 단 한 번뿐인 소중한 삶을 다 낡고 부서진 난파선으로 만들지 말고 소원의 항구로 들어오게 만들어야 합니다.

**사람의 5가지 유형**
1. 열정을 스스로 태우는 사람
2. 다른 사람이 동기부여를 해야 열정이 생기는 사람
3. 때에 따라 열정을 불태우는 사람
4. 전혀 열정이 없는 사람
5. 다른 사람의 열정마저 끄는 사람

성공의 99%는 마음가짐에 달렸습니다. 한 사람이 선수가 되어서 훈련하고 각종 경기에서 메달을 따고 올림픽에서 금메달을 따는 것처럼 상승기류를 타고 올라가야 합니다. 날로 계속해서 상승기류를 타야 합니다. 상승기류도 시기가 있어 기회를 놓치면 그만큼 늦어질 수밖에 없습니다.

우리는 보도 섀퍼의 말을 기억해야 합니다. "꿈, 목표, 가치, 전력, 이 네 기둥 위에 기본 행동양식이 다져지고, 그 바탕 위에 당신은 자신의 부를 차곡차곡 쌓아갈 수 있다. 인생을 성공으로 이끄는 행동은 기본적으로 엄격한 규율에서 만들어져 나오는 것이 아니라 바로 꿈, 목표, 가치, 전력, 이 네 가지에서 자연스럽게 흘러나오는 것이다."

목표가 분명하다면 미루는 습관은 과감하게 버려야 합니다. 일을 시작하는 것은 성취의 출발점입니다. 언제나 최선을 다해서 최대의 효과를 만들어내야 합니다. 늘 즐겁고 기분 좋게 일을 해야 늘 발전하는 것입니다. 싫증이 나더라도, 귀찮아지더라도, 뒤돌아보지 말고 앞으로 나아가야 합니다. 어떠한 부정적인 상황에서도 장점을 발견하여 부정적인 것들을 다 던져버려야 합니다. 늘 부족한 것이 인간이기에 채워나가는 기쁨을 가져야 합니다.

어거스틴은 "자신이 불완전한 존재임을 깨닫는 것이야말로 인간의 완전한 모습이다"라고 말했습니다. 우리는 부족하기에 채우려고 노력하는 것입니다. 나약하기에 강해지려고 애쓰는 것입니다.

**성공에 대해 알아야 할 모든 과정은 다음의 세 단어로 표현할 수 있습니다.**

1. 할 수 있다

2. 할 것이다
3. 바로 지금

우리는 지금 바로 변하여야 합니다. 늘 변하지 못하던 틀에서 벗어나야 합니다. 높이 나는 새가 멀리 봅니다. 아침에 일찍 일어나는 새가 먹이를 먼저 찾습니다. 틀은 변화를 일으키지 못하게 합니다. 모든 것을 가둬놓습니다. 자기 분야에서 최고의 전문가, 달인, 명장이 되어야 합니다.

린더스트는 이렇게 말했습니다. "고난은 뛰어넘기 위해서 존재하는 것이다. 그러므로 당장 고난에 맞붙어서 싸워라. 일단 싸우다 보면 그것을 극복할 수 있는 방법을 찾게 될 것이다. 몇 번이고 고난과 씨름하는 가운데 힘과 용기가 용솟음치게 된다. 그리하여 자신도 모르게 정신과 인격이 완벽하게 단련되는 것을 느낄 수 있게 되리라."

절망을 극복해나가면서 배워나가야 합니다. 하나의 절망을 극복하면 다른 절망도 쉽게 극복할 수 있는 힘이 생깁니다. 우리가 절망을 딛고 일어서면 반드시 새로운 문은 열리게 되어 있습니다. 성공한 사람 중에 뼈저린 고통과 절망 속에 통한의 눈물을 흘려보지 않은 사람은 없습니다. 우리는 우리의 머릿속에서 절망에 대한 잠재의식을 버려야 합니다.

어려움은 그것을 이기고 나면 좋은 일이 온다는 신호입니다. 아침이 찾아오기 전이 가장 어두운 법입니다. 끝이라고 생각될 때도 힘을 내어 이루어나가면 내일을 화창하게 만들 수 있습니다. 계속해서 전진해나가고 새로운 문을 열어야 합니다. 로스 피어스틴이 이렇게 말했습니다. "성공하기를 원하는가? 그렇다면 이미 개척해놓은 길이 아닌 그 누구도 가지 않은 새로운 길을 개척해야만 한다."

  1960년대 초반의 일입니다. 등산을 좋아하는 몇몇 미국 청년들이 세계에서 가장 높은 산인 에베레스트를 정복하려고 수차례 시도했으나 실패하고 말았습니다. 몇 번의 실패를 겪었으나 이들은 실망하지 않고 자신감을 갖고 다시 에베레스트 산을 등정하기로 다짐했습니다. 이들은 등정을 앞두고 신문기자들과 인터뷰를 했습니다. 기자들은 에베레스트 산을 정복하기 위해 다시 떠나가는 청년들에게 물었습니다. "당신들이 이번에는 에베레스트 산을 정복할 수 있다고 확신합니까?" 한 청년이 이렇게 대답하였습니다. "우리도 그렇게 되기를 원하고 있습니다! 최선을 다할 것입니다." 그때 짐 위트가라는 청년은 의지에 찬 모습으로 이렇게 말했습니다. "우리는 할 수 있습니다! 확신합니다!" 1963년 5월 1일 짐 위트카는 다른 세 명의 동료들의 목숨을 그 산길에 파묻고 홀로 8,848미터의 에베레스트 산 정상에 미국의 성조기를 힘차게 꽂았습니다.

상승기류를 타서 멋지게 성공하여 "나는 드디어 해냈다!"라고 환호를 지를 수 있는 날을 만들어야 합니다. 우리가 무엇을 하려고 할 때는 희망을 갖게 되지만 수시로 우리를 절망하게 하는 일들이 일어나고 포기하고 싶은 생각들이 찾아옵니다. 우리가 소극적인 생각과 행동을 하면 절망은 우리의 마음에 둥지를 틀려고 할 것입니다. 어려움을 당하면 당할수록 "나는 이겨낼 수 있다"는 강하고 담대한 마음이 더 생겨나야 합니다. 절망을 희망으로 바꾸어놓는 사람이 진정으로 성공하는 사람입니다.

조지 맥도날드는 "이 세상에 태어나 우리가 경험하는 가장 멋진 일은 사랑을 배우는 것이다"라고 말했고, 주베르는 "언제나 사랑하고 있는 사람은 불평을 늘어놓거나 불행에 빠질 겨를이 없다"고 말했습니다.

삶 속에는 많은 기회가 있습니다. 때로 자신이 생각하지 않은 전혀 다른 길로 들어설 때도 있습니다. 그러나 실패와 절망과 시련이 결코 끝이 아닙니다. 오히려 새로운 시작이며 기회입니다! 상승기류를 타려면 언제 어디서나 꼭 필요한 사람이 되어야 합니다. 목표가 현실로 이루어져야 확실한 목표입니다. 목표가 이루어지면 웃습니다. 꿈이 이루어지면 파안대소하고 크게 웃습니다.

### 나는 꼭 필요한 사람입니다

마음속에서 큰 소리로
세상을 향하여 외쳐보십시오
"나는 꼭 필요한 사람입니다."

자신의 삶에 큰 기대감을 갖고 살아가면
희망과 기쁨이 날마다 샘솟듯 넘치고
다가오는 모든 문을 하나씩 열어가면
삶에는 리듬감이 넘쳐납니다

이 세상에는 수많은 사람이 살아가고 있지만
그중에서 단 한 사람도
필요 없는 사람은 없을 것입니다

세상에 희망을 주기 위하여

세상에 사랑을 주기 위하여

세상에 나눔을 주기 위하여

필요한 사람이 되어야 합니다

나로 인해 세상이 조금이라도 달라지고

새롭게 변할 수 있다면

삶은 얼마나 고귀하고 아름다운 것입니까

나로 인해 세상이 조금이라도 더

밝아질 수 있다면 얼마나 신나는 일입니까

자신을 향하여 세상을 향하여

가장 큰 소리로 외쳐보십시오

"나는 꼭 필요한 사람입니다."

우리는 꿈을 통해서 자신이 살아 있음을 깨닫게 됩니다. 꿈은 우리로 하여금 새로운 미지를 향하여 나가게 합니다. 꿈이 있는 사람은 두려움이 없습니다. 꿈은 우리를 강하게 만들어주고 앞으로 전진할 수 있게 해줍니다. 상승기류를 타겠다는 마음의 굳은 각오가 그 어느 그의 것보다 중요하다는 것을 잊어서는 안 됩니다. 노먼 빈센트 빌은 그의 저서 《믿는 만큼 이루어진다》에서 "한 번뿐인 인생에서 나를 이용해 무언가 꼭 이루고 싶은 마음은 멀리 뻗어가 기적이 일어나도록 한다. 무언가 되고 싶고, 하고 싶고, 앞으로 나가고 싶고, 위로 오르고 싶고, 삶에 더 많은 의미를 부여하고 싶은 욕망은 기적을 만드는 재료들이다"라고 말했습니다. 꿈을 이루기 위해서는 기다릴 줄 알아야 합니다. 이루어질 때까지 도전하고 이루어가야 합니다. 마음속에 있는 행복이라는, 성공이라는 보물지도를 찾아내야 합니다. 우리가 원하던 꿈들이 현실이 되어, 감동이 되어 눈앞에 보이게 만들어야 합니다. 소중한 삶을 졸작으로 만들지 말고 최고의 걸작으로 만들어야 합니다.

상승기류를 타는 데도 분명한 전환점이 있습니다. 적극적인 마음과 사랑의 마음으로 전진해나가는 힘이 있느냐 없느냐에 따라 상승기류를 타느냐 못 타느냐가 결정됩니다. 특히 능력을 발견해내는 것은 상승기류를 타고 올라가는 데 매우 중요한 역할을 하는 것입니다. 상승기류를 타는 것은 희망과 목표를 이루어낸 것입니다.

꿈을 마음으로 강력하게 원해야만 현실이 됩니다. 즉, 도전정신을 갖고 앞으로 이루어질 일을 기대하며 끈기 있게 실천해나갈 때 가능성은 현실이 됩니다. 우리는 유행이나 상황에 따라 흔들려서는 안 됩니다. 다른 사람의 부속품처럼 살아서도 안 됩니다. 우리는 엔진이 되어서 주체적으로 움직여야 합니다. 그래야 살맛나는 인생을 살 수 있습니다.

> 훈데르트바서는 "지상에는 행복하게 지내는 데
> 필요한 모든 것이 갖춰져 있다.
> 하늘에서 내리는 눈이 있는가 하면,
> 날마다 새로 찾아오는 아침이 있다.
> 나무와 비가 있고 희망과 눈물이 있다.
> 기름진 산소가 있고 동물과 온갖 색이 있고
> 먼 나라와 자전거가 있고 그림자가 있다.
> 우리는 부자다!"라고 말했습니다.

무하마드 알리는 "챔피언이란 체육관에서 만들어지는 것이 아니다. 챔피언은 자신 깊숙한 곳에 있는 소망, 꿈, 이상에 의해 만들어진다"고 했습니다. 희망이 잠자고 있지 않을 때 인간의 꿈이 있습니다. 꿈이 있는 한 인생은 도전할 만합니다. 어떠한 일이 있더라도 꿈을 잃지 말아야 합니다. 꿈을 꾸어야 합니다.

상승기류를 타는 사람들은 희망을 말합니다. 부정적인 것들을 떨쳐버리고 긍정적인 생각으로 살아갑니다. 상승기류를 타는 사람들은 안이한 사람들이 부러워하게 만들고 위기가 다가올 때마다 뛰어난 지혜로 이겨냅니다.

> 콜린 바레트는 "돈이나 직위를 얻기 위해 일하지 마라. 나는 언제나 명분을 위해 일한다"라고 말했습니다.

꿈은 희망을 버리지 않는 사람에게 행복이라는 선물을 배달해줍니다. 사람의 운명은 정해진 것이 아닙니다. 자신이 어떻게 살아가느냐에 따라 결과가 달라집니다. 분명한 목표도 없이 게을러터지면 쪽박 신세를 면하지 못할 것입니다. 항상 부지런하게, 목표의식을 가지고 남보다 더 열심을 내야 합니다. 열심을 내면 삶이 달라집니다.

# 가족을 뜨겁게 사랑하라

## 3

가족에 대한 가치관은 무엇인가? 무조건적인 사랑, 지속적인 격려와 응원, 인내, 용서, 관용, 온정, 관심의 중요성을 믿는가? 삶에서 중요한 사람들에게 일관되게 이런 가치를 실천하면 그러지 못한 사람보다 훨씬 더 행복하다.

―브라이언 트레이시―

　이 세상에 가족이 없다면 얼마나 슬픈 일입니까? 삶에 의욕도 없어지고 보람도 없어지고 살아갈 의미가 없어질 것입니다. 그러므로 가족을 목숨을 다하여 뜨겁게 사랑해야 합니다. 가족에 대한 책임과 의무를 다해야 합니다. 가족을 위하여 멋지게 인생의 상승기류를 타야 합니다. 가족의 사랑을 받으며 가족의 박수갈채를 받아야 합니다.

　요즘에 하루에도 몇 번씩 외치는 말이 "자식들아, 아니 짜식들아! 멋지게 살아주마!"입니다. 가정에 웃음이 있고 가족이 행복하게 산다는 것은 최고의 기쁨입니다. 가족의 행복을 위해 서로 거들어주고 함께하는 마음이 필요합니다. 가족이 서로 미워하면 그 틈새로 불행이 스며듭니다. 가족이 주는 상처는 더 아프고 잘 아물지 않습니다. 모든 범죄는 가족 사랑의 파괴에서 시작합니다.

　우리 다 같이 큰 소리로 한번 외쳐봅시다! "짜식들아! 아버지의 이름으로 엄마의 마음으로 멋지게 살아주마! 짜식들아!" 우리는 자식들을 위하여 멋진 삶을 살아야 합니다. 그래야 보고 있는 자녀들도 기뻐할 것입니다. 어긋난 길로 가지 맙시다. 욕망의 길로 가지 맙시다. 온갖 이유와 불평으로 가족을 괴롭히거나 상처를 주어서는 안 되는 것입니다. 순간과 찰나의 기쁨을 위해 인생을 헛되게 소비하지 맙시다. 하루하루 최선을 다하며 가족들과 행복하고 즐겁게 살아갑시다.

오리슨 스웨트 마든은 "희망보다 더 좋은 약은 없다. 내일은 더 나아질 거라는 기대를 갖게 하는 것보다 더 훌륭한 것은 없고 그보다 더 강력한 활력소는 없다"고 말했습니다.

결혼 후 지하 단칸방에 살며 직장이 없어 늘 아내와 함께한 덕분인지 연년생으로 딸과 아들을 낳았습니다. 그 당시에는 아이들만이 삶의 기쁨이었습니다. 사글세 단칸방에서 가난과 궁핍에 찌들었고 살 길이 막막하기만 했습니다. 초라하고 비참하고 서러웠던 그 시절, 저녁에 일을 마치고 집으로 돌아가면 귀여운 꼬맹이 딸과 아들이 뛰쳐나왔습니다. "아빠!" 아이들의 이 소리가 얼마나 좋은지 가슴이 저려왔습니다. "짜식들! 아빠 오는 거 어떻게 알았어?" 아이들은 시인의 자식들이라 역시 달랐습니다. "아빠 발자국 소리 우리가 알고 있잖아!" 자식들을 위해서라도 잘 살고 싶었습니다. 두 주먹을 쥐고 다짐을 했습니다. 항상 눈물이 마르지 않던 시절이었습니다. 지금도 그때를 생각하면 가슴이 뜨거워져 더 열심히 살아가고 있습니다. 가족이 있고 가족을 사랑할 수 있다는 것은 정말 멋진 일입니다. 가족과 행복할 수 있는 것은 열심히 살 수 있는 힘입니다.

어렵게 살던 그 시절 친구가 아파트를 샀다고 연락이 왔습니다. 부모가 아파트를 사주어서 이사 간다고 자랑하는 것입니다. 그래서 몇 층 사느냐고 물었더니 25층짜리 아파트인데 그중 3층에 산다고 해서 짓궂게 농담을 했습니다. "네가 화장실에서 똥 눌 때 네 위에서 22명이 똥 눈다! 화장실에 앉아서 생각해봐라!" 정말 화장실에서 내 생각을 해보았더니 웃음이 터져 나오더랍니다. 자기 위에서 수많은 사람들이 볼일을 보고 있으니까요. 삶이 어려울 때는 유머와 웃음으로 삶의 고통을 한 방에 날려 보내고 씩씩하게 살아야 합니다.

존 키블이 "가족들이 서로 주고받는 미소는 기분이 좋은 것이다. 특히 서로의 마음을 신뢰하고 있을 때 더욱 그렇다"고 말했습니다.

우리에게 힘들고 어려운 일이 있을 때는 유머와 위트로 잘 넘겨야 합니다. 유머는 삶의 어려움 속에서 힘이 나게 해줍니다. 가족이 행복하려면 웃음이 살아나야 합니다. 서로에 대한 지나친 요구나 바람, 물질만능주의는 가족을 행복하게 만들지 못합니다. 서로 격려해주며 힘을 합쳐서 살아야 합니다. 가정은 때로는 고달픈 삶의 안식처입니다. 자주 만나고 자주 이야기하고 자주 식사를 나누고 한 집에서 잠을 자야 합니다. 너무 오랫동안 떨어져 있으면 정이 사라집니다.

어느 날 강의가 저녁 늦게 끝나 현관문을 열고 들어가는데 아들과 눈이 마주쳤습니다. 아들이 웃으며 말했습니다. "아버지! 내 가슴에 안겨봐!" 나는 아들 가슴에 안겼습니다. 나를 번쩍 들고 엉덩이를 몇 번 치더니 크게 웃으며 말했습니다. "우리 아버지 다 컸네!" 나는 아들과 한참이나 웃고 우리는 서로 행복했습니다. 아들도 나를 닮아 유머가 풍부해서 좋습니다.

토니 험프러스는 "가족에게는 울타리가 있어야 한다. 그것은 '한 가족'이라는 소속감을 갖게 하고, 가족의 문턱을 아무나 넘어 들어오지 못하게 막아주는 장벽이 된다"고 말했습니다. 가족에게는 행복이라는 사랑의 울타리가 있어야 합니다. 가족의 행복만큼은 누구에게도 빼앗겨서는 안 됩니다. 가족이라는 이름은 언제 불러도 좋고, 가족은 언제나 행복해야 합니다. 가족의 사랑은 이 세상을 아름답게 하는 초석입니다.

## 가족

하늘 아래
행복한 곳은
나의 사랑 나의 아이들이 있는 곳입니다

한가슴에 안고
온 천지를 돌며 춤추어도 좋을
나의 아이들

이토록 살아보아도
살기 어려운 세상을
평생을 이루어야 할 꿈이라도 깨어
사랑을 주겠습니다

어설픈 아비의 모습이 싫어

커다란 목소리로 말하지만

애정의 목소리를 더 잘 듣는 것을


가족을 위하여

목숨을 뿌리더라도

고통을 웃음으로 답하며

꿋꿋이 서 있는 아버지의

건강한 모습을 보이겠습니다


    삶에서 누리는 좋고 만족할 만한 행운, 삶에서 얻는 행복을 복이라고 말합니다. 처복은 훌륭한 아내를 맞이하게 되는 복입니다. 또는 아내 덕분에 누리는 복을 말합니다. '여보'라는 말은 '보배와 같은 사람'이라는 뜻을 가지고 있습니다. '당신'이라는 말은 '마땅할 당(當)', '몸 신(身)'의 한자어입니다. 당신은 '내 몸과 같다'는 뜻입니다. 그러므로 부부 사랑은 둘이 만드는 단 하나의 사랑입니다.

    항상 '나는 행운아고 내 가족은 복덩어리다'라는 마음으로 살아야 합니다. 복을 찾아다니기보다 복받을 삶을 살아야 합니다. 아내에게 "당신은 복덩어리"라고 말했더니 "나는 복넝쿨이에요!"라고 대답했습니다. 부부는 역시 천생연분입니다. 복 중의 복은 부부 사이가 좋은 것입니다. 부부가 닮아가는 것입니다. 황혼이 짙어가도 신뢰해주고 함께해주는 것입니다. 동행하는 기쁨을 누리는 것입니다.

  50대 남자가 난생처음 휴대폰을 샀습니다. 제일 먼저 더듬거리며 아내에게 문자를 보냈습니다. "여보! 사랑해!" 그런데 답장 문자가 오지 않았습니다. 집에 돌아가니 아내가 화를 내며 쳐다보았습니다. 남편은 아내에게 "아니, 오늘은 사랑한다고 문자까지 보냈는데 왜 화가 나 있어요?"라고 하자 아내가 남편을 째려보며 자신의 휴대폰을 보여주었습니다. 문자 보내는 데 서툰 남편이 "여보! 사망해!"라고 보냈던 것입니다. 삶 속에서 모든 것을 감싸주고 용서해주고 이해해주는 것이 가족 사랑입니다.

> 러셀의 말처럼 "가족의 진정한 기쁨은 자녀들에게 존경받는 것과 동시에 자녀들도 존경해주고, 필요한 만큼의 훈육을 실시하지만 결코 정도를 벗어나지 않아야 한다는 것을 알고 있는 부모에게만 주어진다. 이러한 부모들은 자녀가 독립을 요구할 때 무서운 분쟁을 거치지 않

고 지나가게 될 것이다"라는 말을 가슴에 새기며 살아야 합니다.

가족에 대해 지녀야 할 가치관은 무엇입니까? 조건 없는 사랑입니다. 가족들을 사랑으로 감싸주며 지속적인 격려와 응원, 인내, 용서, 관용, 온정, 관심을 가져주어야 합니다. 가족들에게 일관되게 사랑을 실천하면 항상 행복한 가정의 울타리를 만들 수 있습니다. 가족들이 서로 주고받는 웃음은 가슴을 따뜻하게 하고 행복하게 만들어줍니다. 특히 가족들이 서로의 마음을 신뢰하고 있을 때 더욱 행복해집니다. 가족들과 함께 지낼 때는 늘 쾌활하고 유쾌한 마음이어야 합니다. 가족들이 화목하게 지내기 위해서는 재미있고 즐겁고 유쾌한 이야기를 나누어야 합니다. 자녀들을 함부로 야단치거나 때리거나 화를 내며 소리를 질러서는 안 됩니다. 부모는 자식의 존경을 받을 수 있어야 합니다. 가족에게는 사랑의 울타리가 있어야 합니다. 가족의 행복을 마음껏 누릴 수 있는 힘이 있어야 합니다.

부부의 삶은 행복해야 합니다. 신혼 시절부터 황혼이 물들어갈 때까지 이 세상에서 가장 행복하게 살아야 합니다. 영화 〈미술관 옆 동물원〉에 이런 대사가 나옵니다. "사랑이란 처음부터 풍덩 빠져버리는 건 줄만 알았지, 이렇게 서서히 물들어가는 건 줄은 몰랐어." 부부 사랑도 마찬가지입니다. 행복하게 살다 보면 얼굴도 닮아가고 생각도 닮아가고 서로의 사랑에 물들어가게 됩니다. 지상에서 내가 사랑할 사람이 있다는 것은 얼마나 멋진 일입니까? 사랑하는 사람이 한 집에 살아 신발을 나란히 놓을 수 있으면 행복합니다. 내 곁에 있어주고, 기다려주고, 함께 자고 함께 일어날 수 있다는 것, 그리고 미운 정 고운 정 다 나누며 평생을 함께한다는 것은 다른 것에 비할 수 없는 기쁨을 줍니다.

짐 콜린스가 이렇게 말했습니다. "성공이란 나이가 들수록 가족과 주변 사람들이 점점 더 나를 좋아하는 것이다." 아무리 출세를 하고 돈이 많고 대단한 인물일지라도 가족과 주변 사람들이 싫어한다면 그 사람은 불행한 사람입니다. 살다 보면 행복하고 기쁨이 넘치고 좋을 때도 많지만, 힘들고 벅차고 어려울 때도 많습니다. 그러므로 부부가 가장 힘들 때 하면 좋은 말이 있습니다. "여보! 내가 있잖아!" 아주 짧은 표현이지만 정감이 있고 신뢰를 주는 말입니다. 영국 속담에 "성공할 사람은 먼저 아내에게 묻는다"는 말이 있는 것을 보면 부부가 서로 신뢰하며 산다는 것은 참으로 축복 중의 축복입니다.

무더운 여름날 강의를 하고 오면 아내가 "여보, 덥지요? 잠깐만 기다려요. 열무국수 해드릴게요" 합니다. 큰 양푼에 열무국수를 해 시원하게 먹는 맛이란! 이 세상에서 가장 행복한 남자가 된 기분입니다. 배불리 먹은 후 시원한 냉커피까지 타주면 '아내와 결혼 정말 잘했다!'는 생각이 듭니다. 부부 사이에는 아주 작은 일들 속에 행복을 느낍니다. 서로 격려해주고 칭찬해주고 배려해주면 싫어할 사람이 있겠습니까? 이 세상에서 내가 사랑해야 할 사람에게 정을 듬뿍 주며 살아야 행복합니다.

부부생활도 산맥과 같습니다. 높은 곳도 있고 낮은 곳도 있습니다. 실패할 때도 있고, 성공할 때도 있습니다. 결혼생활의 행복은 어느 순간이 아니라 평생을 두고 익어가는 과일입니다. 아무리 힘들고 어렵더라도 마음이 바짝 마르게 살지 말고 마음에 살이 통통 쪄서 가족이 행복하게 살아야 합니다. 북미 인디언 가족의 전통적인 인사말이 있습니다. "당신이 있어서 고맙습니다." 사랑하는 아내에게, 남편에게, 가족에게, 주변 사람들에게 해주면 참 좋은 말입니다. "당신이 있어서 고맙습니다." 사랑하는 사람과 삶의 희로애락을 함께할 수 있는 것이 복 중의 복입니다.

"아내가 예뻐 보일 때가 행복하다"는 말이 있습니다. 부부 사이는 살면 살수록 더 닮아가기에 깊은 정이 생겨납니다. 사랑은 표현해야 합니다. 꽃은 피어야 하고 비는 내려야 하고 바람은 불어야 합니다. 부부 사이의 대화 속에서 사랑은 더 따뜻하고 아름답게 표현됩니다. 대화 속에서 사랑은 더 깊어갈 수 있습니다. 사랑의 대화는 서로에게 더 깊은 관심을 갖게 만듭니다.

> 토니 험프러스는 "가족의 정서적 분위가 어떠한지 살펴보면 그 가족이 얼마나 건강한지 미루어 짐작할 수 있다. 가족이 존재하는 목적은 개개인이 성숙한 인간으로 자라도록 비옥한 토양이 되어주는 것이다. 가족이라는 관계의 토양 위에서 자아, 독립성, 생산성을 분명히 자각할 수 있도록 일깨워주는 것이다"라고 말했습니다.

요즘 나는 아침에 일어나서 아내와 눈이 마주치면 개구쟁이처럼 아내에게 이렇게 말합니다. "밤새 보고 싶었지?" 이 말을 들은 아내는 마구 웃으며 고개를 흔듭니다. 아내의 얼굴에는 웃음이 가득합니다. 아내가 웃는 모습에서 나의 행복을 읽어낼 수 있습니다. 행복한 결혼생활의 비결은 서로 닮아가고 서로 양보하고 서로 감싸주고 이해해주는 것입니다. 부부는 삶이라는 여행 속에 평생 함께하는 동반자이기 때문입니다. 우리는 영혼이 깃든 순수한 사랑을 해야 합니다. 우리가 사랑에 실패하는 것은 서로가 신뢰하지 않기 때문입니다. 서로 꾸미고 변명하고 거짓을 숨겨놓으면 결코 진실한 사랑을 할 수 없습니다. 부족하면 채워주고 넘치면 나누어야 합니다.

아침에 아내에게 건넨 따뜻한 말 한마디는 맛있는 한 잔의 커피로 나에게 돌아옵니다. 아내가 타주는 한 잔의 커피로 시작되는 아침은 참 기분이 좋습니다. 영국 속담에 이런 말이 있습니다. "결혼은 슬픔을 절반으로, 기쁨을 두 배로, 생활비는 네 배로 만들어준다." 결혼은 기쁨도 주지만 책임도 필요하다는 말입니다. 가정을 평안한 안식처로 만들 때 행복한 삶을 살아갈 수 있습니다. 집안을 늘 편안하고 행복하게 만드는 작업은 부부의 노력에 의해서 만들어집니다.

부부 사이는 살아가면 살아갈수록 점점 더 닮아갑니다. 제 아내도 이제는 유머가 넘칩니다. 어느 날 아내가 잠들어 있는 모습을 보고 있는데, 아내가 갑자기 눈을 뜨더니 나에게 이렇게 말했습니다. "잠자는 것만 보고 있어도 예쁘지?" 아내와 나는 서로 바라보며 웃고 말았습니다. 결혼 초기에는 서로가 다른 것이 너무나 많더니 이제는 서로가 같아지는 것이 많아집니다. 음식, 영화, 커피, 생각에 이르기까지 점점 더 가까워지고 거리가 좁혀집니다. 언젠가 아침 일찍 조조영화를 보러 갔을 때의 일입니다. 종로에 있는 극장에 갔는데 시작할 시간이 다 되었는데도 극장 안에 아내와 나밖에 없었습니다. 나는 이때를 놓칠세라 아내에게 말했습니다. "여보! 당신을 위해서 극장을 통째로 빌렸다!" 아내는 또 웃고 말았습니다. 이후 참 아쉬운 것은 한 사람이 더 들어왔다는 것입니다.

어떤 사람들은 삶이 너무 뻔하다고 생각합니다. 삶이 재미없이 흘러만 간다고 생각하는 사람들도 많습니다. 그러나 삶은 모자이크와 같습니다. 우리가 어떤 모습으로 어떻게 삶을 만들어가느냐에 따라서 삶이 행복해질 수도 있고 불행해질 수도 있습니다. 이런 말이 있습니다. "결혼 이전에는 눈을 크게 뜨고 결혼 이후에는 반쯤 닫으라. 결혼의 3할은 사랑이고 7할은 용서다." 우리가 참을성과 인내력을 가지면 어떤 불행도 막을 수 있습니다. 행복한 결혼생활의 비결은 삶의 변화에 따라 환경에 적응하는 법을 배우는 데 있고, 끊임없이 서로를 돕는 데 있는 것입니다. 행복한 결혼생활은 한순간을 평가하는 것이 아니라 평생을 두고 말하는 것입니다.

결혼생활은 부부가 친구와 같이 되는 것입니다. 부부의 사랑은 삶이 사계절이라면 사계절 동안 다 사랑하여도 좋을 사랑입니다.

### 내가 사랑하는 사람아

내가 사랑하는 사람아
이 한목숨 다하는 날까지

사랑하여도 좋은 나의 사람아

봄, 여름, 가을, 겨울
그 모든 날들이 다 지나도록
사랑하여도 좋을 나의 사람아

내가 사랑하는 사람아
내 눈에 항상 있고
내 가슴에 있어
내 심장과 함께 뛰어
늘 그리움으로 가득하게 하는
내가 사랑하는 사람아

날마다 보고 싶고
날마다 부르고 싶고
늘 함께 있어도 더 함께 있고 싶어
사랑의 날들이 평생이라 하여도

더 사랑하고 싶고

또다시 사랑하고 싶은

내가 사랑하는 사람아

  부부가 서로를 진정으로 사랑한다면 서로 함께하는 시간을 즐거워하고 아름다운 어울림으로 나누어야 합니다. 결혼생활의 성공을 위해서는 부부가 서로 필요한 것을 채워줄 수 있는 넓은 마음을 가져야 합니다. 물질적인 필요는 물론이고 정신적인 필요까지 공유해야 합니다. 사랑하는 부부라면 눈빛 하나만으로도 충분히 서로를 알 수 있어야 합니다. 결혼하여 세월이 흘러가면 날마다 똑같이 반복되는 언어와 행동에 대하여 지루함과 권태감을 느낄 수 있습니다. 그러니 행복한 부부가 되려면 항상 새롭고 생동감 있는 삶을 살도록 노력해야 합니다.

  부부간에 갈등이 없는 부부는 없을 것입니다. 우리 집도 아이들 둘이 모두 아내 편입니다. 하루는 아내에게 말했습니다. "아니, 여보! 나도 아이들한테 잘해주는데 왜 전부 다 당신 편이야!" 이 말을 들은 아내는 나를 방 안으로 들어오라고 했습니다. 아내가 나에게 이렇게 말했습니다. "애들이 내 편이면 어때요! 내가 당신 편이면 되지요!" 나는 아내의 말을 듣고 가슴이 따뜻해지는 것을 느꼈습니다. 아내가 참 마음이 넓고 현명하다는 것을 새삼 느끼게 되었습니다.

부부가 진정 사랑하기를 원한다면 갈등을 오히려 서로를 깊이 알게 되는 계기로 삼아야 합니다. 세상에 완전한 사랑은 없습니다. 사랑은 살아가는 날 동안 부족함을 채워가는 것입니다. 아내와의 사랑도 황혼이 짙어갈 때 오히려 채워가는 기쁨에 더 행복할 것입니다.

어느 날 아내의 손을 꼭 잡고 이렇게 말했습니다. "여보, 당신 덕분에 행복해요!" 아내가 내 손을 다시 잡아주며 말했습니다. "나도 당신 때문에 행복해요!" 사랑은 용기와 힘을 줍니다. 사랑은 혼자가 아닌 둘이 만들어가는 이 세상에서 가장 멋진 걸작입니다. 열정으로 일하려면 가족을 행복하게 만들어야 합니다.

> 가족이 사업에 방해가 된다고
> 생각하는 리더는 없습니다.
> 오히려 가족이 있음으로 해서
> 성공이 더욱 뜻깊게 느껴집니다.
> 어떻게 해서든지 가족과 함께
> 사랑을 나누며 살아야 합니다.

## 행복을 느낄 수 있다는 것은

삶이란
바다에 잔잔한 파도가
치고 있다는 것이다

사랑하는 사람과 함께할 수 있어
낭만이 흐르고 음악이 흐르는 곳에서
서로의 눈빛을 통하며
함께 커피를 마실 수 있고

흐르는 계절을 따라
사랑의 거리를 함께 정답게 걸으며
하고픈 이야기를 정답게 나눌 수 있다는 것이다

사랑하는 사람과 한 집에 살아
신발을 나란히 놓을 수 있으며

마주 바라보며 식사를 할 수 있고

잠자리를 함께하며

편안히 눕고 깨어날 수 있다는 것이다


서로를 소유할 수 있으며

서로가 원하는 것을 나누며

함께 꿈을 이루어가며

기쁨과 웃음과 사랑이 충만하다는 것이다


행복을 느낄 수 있다는 것은

보이지 않는 삶의 울타리 안에

편안함이 가득하다는 것이다


삶이란

들판에 거세지 않게

가슴을 잔잔히 흔들어놓는

바람이 불고 있다는 것이다

권태기가 생기면 게으름이나 싫증이 찾아옵니다. 삶에 활력을 잃고 권태기를 느끼는 것은 더 이상 무엇에도 관심이 생기지 않는다는 것입니다. 권태기는 마음이 텅 빈 것 같은 공허감이 있을 때 찾아옵니다. 이렇게 열심히 살아왔는데 나에게 돌아온 것은 아무것도 없다는 생각이 들 때 생깁니다. 남편이나 아내는 잘되는데 나는 지금 무엇인가? 뒷바라지하느라고 애썼는데 나에게 돌아온 것은 무엇인가? 이런 실망에서 권태기가 옵니다.

권태기는 누구에게나 찾아오지만 극복하려고 노력하면 전보다 더 행복하고 기쁜 삶을 살 수 있습니다. 위기가 닥칠 때 서로 애매한 행동을 하지 말고 사랑과 배려를 해주어야 합니다. 힘들고 어려울 때 더욱 함께해주어야 합니다. 작은 일도 칭찬을 아끼지 않는 습관이 진정한 사랑을 만듭니다. 택시를 타면 부부는 목적지를 말하고 서로 다른 창밖을 본다고 합니다. 그러나 불륜인 이들은 서로 속삭이고 웃는다고 합니다. 부부가 더욱더 친밀하고 다정하게 사는 연습을 해야 합니다. 부부가 정겹게 살면 모든 일이 만사형통입니다. 행복을 느끼고 살면 얽혔던 일들도 부드럽게 풀려나갑니다.

부부싸움을 할 때는 보통 네 가지 말을 사용합니다. 첫째로, 돈도 잘 벌고 부부생활도 잘하면 "너 잘났다! 너 잘났어!" 둘째로, 돈도 못 벌고 부부생활도 시원치 않으면 "네가 나한테 해준 것이 뭐가 있어! 뭐가 있어!" 셋째로, 돈은 잘 벌어오는데 부부생활이 시원치 않으면 "돈이면 다냐! 돈이면 다야!" 넷째로, 돈도 못 벌어오는데 부부생활만 하려고 하면 "이 짐승 같은 놈아! 왜 사람을 못살게 굴어!"

부부 사이가 좋아야 살맛도 나고 일도 잘 됩니다. 권태기를 극복하려면 서로 마음을 나누는 시간을 가져야 합니다. 유머와 낭만과 여유가 필요합니다. 영화, 여행, 산책, 커피 한 잔의 여유를 갖고 대화를 자주 나누어야 합니다.

부부는 부부로 살아가는 것이 아니라 부부로 맞추어가며 평생을 사는 것입니다. 부부가 서로 고객을 맞이하듯이 서로에게 친절하고 배려하는 마음으로 살아야 행복합니다. 아내가 음식 솜씨가 좋고, 남편이 경제력이 있고, 서로 감성과 인품이 있고, 자녀들이 잘 성장하면 이보다 더한 복이 어디 있겠습니까? 부부가 서로 칭찬하고 격려해 주며 살아야 합니다.

중국에 지진이 났을 때 40대 중반의 남성이 돌무더기에 갇혀 아내와 통화하는 것을 TV에서 보았습니다. "여보, 나 아무것도 필요 없어, 당신만 있으면 돼!" 죽음이 다가오는 절박한 순간에 아내를 그리워하는 모습이 가슴 깊이 다가왔습니다. 그러나 현실은 그렇지 않습니다. "여보, 사랑해요! 그렇지만 돈은 벌어와요!" 가족끼리, 동료끼리 "당신이 있어 행복합니다"라는 말을 하며 행복하게 살아야 상승기류를 탈 수 있습니다.

부부 사이는 결혼 초기에는 잉꼬부부, 살다 보면 앙꼬부부, 늙으면 앵꼬부부가 된다지만, 늙으면 서로 등 긁어주는 재미로 삽니다. 부부 사이는 철길과 같아야 합니다. 중간 중간 서로 받쳐주고, 같은 방향으로 나가야 합니다. 십대는 멋모르고 사랑하고, 이십대는 아기자기하게 사랑하고, 삼십대는 눈코 뜰 새 없이 사랑하고, 사십대는 서로 버릴 수 없어서 사랑하고, 오십대는 서로 가여워서 사랑하고, 육십대는 서로 고마워서 사랑하고, 칠십대는 서로 등 긁어주는 맛에 사랑합니다.

부부 사랑이 가득할 때 인생은 더 높이 상승기류를 탈 수 있습니다. 어제보다 오늘 더 사랑해야 합니다. 그런 부부에게는 언제나 복과 사랑이 넘칩니다. 남자가 오십이 넘으면 가져야 할 것 다섯 가지는 '아내, 부인, 여보, 당신, 마누라'랍니다. 반면 여자가 오십이 넘으면 가져야 할 것은 '강아지, 딸, 건강, 친구, 돈'이라고 합니다. 남편은 없습니다.

부부 사이는 언제나 칭찬과 격려를 아끼지 말아야 합니다. 남자는 돈이 많으면 여자를 버리려 하고 여자는 돈이 없으면 남자를 버리려 한다지만, 부부는 검은 머리가 파뿌리가 되도록 온갖 시련을 이겨내고 행복을 만들어가며 살아야 합니다. 부부 사랑은 계절 없이 피어도 좋은 사랑입니다. 부부 사랑은 평생토록 익어가는 열매입니다. 후회 없이 멋지게 사랑하며 살아가야 합니다.

**너를 만나면 더 멋지게 살고 싶어진다**

너를 만나면
눈인사를 나눌 때부터
재미가 넘친다

짧은 유머에도
깔깔 웃어주는 너의 모습이
내 마음을 간질인다

너를 만나면
나는 영웅이라도 된 듯
큰 소리로 떠들어댄다

너를 만나면
어지럽게 맴돌다 지쳐 있던
나의 마음에 생기가 돌아
더 멋지게 살고 싶어진다

너를 만나면
온 세상에 아무런 부러울 것이 없다
나는 너를 만날 수 있어
신난다

너를 만나면
더 멋지게 살고 싶어진다

삶은 동행입니다. 동행하는 이가 없다면 삶은 고독하고 비참하고 너무나 처절할 것입니다. 홀로 떨어져 산다면 세상에 내던져지고 버려진 듯 괴로운 나날들을 보내게 될 것입니다. 들판에 아주 멋있게 서 있는 나무일지라도 한 그루 나무를 아무도 숲이라 하지 않습니다. 숲은 여러 나무들과 풀과 꽃들이 어우러져서 아름다움을 만들어 놓습니다. 삶도 마찬가지입니다. 사랑하며 동행하는 사람들이 있어야 합니다. 살면서 순간순간마다 누군가와 동행하며 살아갈 수 있는 기쁨을 가진 사람은 행복한 사람입니다. 삶 속의 동행은 행복한 마음을 만들어줍니다. 맥스웰 몰츠는 "행복은 인간의 마음과 신체에 내재된 천성이다. 우리는 행복하다고 느낄 때 보다 더 잘 생각하고 행동하며 건강하다. 심지어 우리의 감각기관도 행복하다고 느낄 때 보다 더 활발하게 움직인다"고 말했습니다.

영국의 한 방송국에서 퀴즈를 냈습니다. 퀴즈의 내용은 "영국 끝에서 런던까지 가장 빠르게 오는 방법은 무엇인가?"였습니다. 수많은 대답들이 쏟아져 나왔습니다. 비행기를 타고 오는 것이다, 배를 타고 오는 것이다, 기차를 타고 오는 것이다, 고속도로로 차를 몰고 오는 것이다……. 그러나 이 질문의 답은 바로 이것이었습니다. "사랑하는 사람과 함께 오는 것이다." 사랑하는 사람과 같이 있을 때 시간이 가장 빠르게 흐르기 때문입니다.

봄이 오는 길목에 주말을 맞아 동호인들과 함께 동행을 하였습니다. 전북 군산시 옥도면 신시도를 걷고 또 걸었습니다. 새만금을 눈앞에서 바라보고 월영봉을 거쳐서 대각산 전망대에 올랐습니다. 그리 높은 산은 아니지만 산과 산의 능선을 타고 걷는 것이 때로는 힘이 들고 땀이 났습니다. 하지만 자연과 바다를 보는 내내 상쾌하고 시원한 기쁨을 만끽할 수 있었습니다. 바다 위의 작은 섬들을 보면서 이런 생각을 했습니다. '누가 얼마나 보고 싶었으면 고개를 쏙 내밀었을까?'

　늘 함께할 수 있는 사람이 있고 늘 동행할 수 있는 사람이 있다면 삶에 지루함은 사라지고 늘 열정이 가득해지고 행복이 넘칩니다. 힘들 때 손을 잡아줄 수 있는 여유로움과 삶의 이야기를 나눌 수 있는 편안함이 동행하는 기쁨을 줍니다. 자꾸만 따지고 불평하고 비교하고 탓하면 동행할 수 없고 멀리 떨어져 나가게 됩니다. 나보다 상대방을 먼저 생각해주고 배려해주고 칭찬해줄 때 동행은 훨씬 더 아름답게 이루어집니다. 가족도 친구도 사회도 마찬가지입니다. 나보다 먼저 남에게 배려할 때 삶은 아름다워지고 행복해집니다. 이 세상에 벽을 쌓고 살아가는 사람들보다 동행하고 함께하는 사람들이 점점 더 많아졌으면 좋겠습니다. 문득 생각이 나고 입가에 웃음을 짓게 하는 사람들이 바로 '그대와 나'가 되어야 합니다.

　아름다운 동행을 원하는 이들에게 봄소식과 함께 시를 선물하고 싶습니다.

## 동행

인생길에 동행하는
사람이 있다는 것은
참으로 행복한 일입니다

힘들 때 서로 기댈 수 있고
아플 때 곁에 있어줄 수 있고
어려울 때 힘이 되어줄 수 있으니
서로 위로가 될 것입니다

여행을 떠나도
홀로면 고독할 터인데
서로의 눈 맞추어 웃으며
동행하는 이 있으니
참으로 기쁜 일입니다

사랑은 홀로는 할 수가 없고
맛있는 음식도 홀로는 맛없고
멋진 영화도 홀로는 재미없고
아름다운 옷도 보아줄 사람이 없다면
무슨 소용이 있겠습니까

아무리 재미있는 이야기도
들어줄 사람이 없다면
독백이 되고 맙니다

인생길에 동행하는 사람이 있다면
더 깊이 사랑해야 합니다
그 사랑으로 인하여
오늘도 내일도 행복할 수 있습니다

# 힘차고 당당하게 살아라

## 4

활력은 모든 활동에 힘을 주고, 모든 노력에 정신력을 부여한다.
활력에 충만한 인간은 어떤 경우에도 절망하지 않고
스스로를 함부로 비하하는 위험을 자초하지 않는다.

―새뮤얼 스마일스―

　상승기류를 타려면 힘차고 당당하게 살아야 합니다. 허공에 둥둥 뜨는 것이 아니라 기대 이상으로 멋지게 상승기류를 타야 합니다.

　성공하는 사람들은 끼가 있어야 합니다. 끼란 무엇입니까? 그 사람의 재능을 말합니다. 자신의 재능을 제대로 발휘할 줄 아는 사람이 끼가 있는 사람입니다. 끼가 있는 사람은 자신의 감정을 초월할 수 있는 능력을 가진 사람입니다. 끼가 있는 사람이 예술가도 되고, 사업가도 되고, 달인도 되고, 명인도 됩니다. 그냥 평범하면 능력 있는 사람이 될 수가 없습니다. 삶도 그럭저럭 살다가 떠나는 인생이 되고 맙니다. 끼가 있는 사람이 소통을 잘합니다.

　끼란 어떤 특정한 분야에 대한 소질, 취미, 취향 같은 것들을 말합니다. 우리는 자기 분야에서만큼은 "이 사람은 확실하다, 분명하다"라는 말을 들어야 합니다. 그러나 색기, 객기, 잡스러운 끼를 부리면

패가망신할 수밖에 없습니다. 열심히 노력하고 열정을 쏟아 상승기류를 타던 사람들조차 단 한 번의 주색잡기와 바람기와 노름과 마약 때문에 잘나가던 삶이 와르르 무너지는 경우를 종종 볼 수 있습니다.

　꿀벌은 조금씩 가져온 꿀로 꿀통을 채웁니다. 작은 일도 열심히 하다 보면 결국에는 큰일을 해내는 것입니다. 자신의 끼를 발산하여 하루하루 열심히 살아가면 놀랄 정도의 일들을 멋지게 만들어낼 수 있습니다. 삶을 건강하게, 튼튼하게 살아야 합니다. 힘차고 당당하게 살아야 합니다. 몸과 마음이 건강해야 무슨 일이든 척척 해낼 수 있습니다. 강하고 당당한 사람은 자기를 억제할 수 있고 조정할 수 있는 사람입니다. 강하고 당당한 사람은 적까지 친구로 만들 수 있는 힘과 능력을 가진 사람입니다. 사랑을 할 수 있고 사랑을 받을 수 있다면 누구나 세상에서 가장 강한 사람이 될 수 있습니다. 강한 사람이란 자기를 이겨내 한계를 벗어날 수 있는 사람입니다.

>윌러드 메리어트는 "좋은 재목은 쉽게 자라지 않는다. 바람이 강할수록 나무도 강하게 자란다"고 말했습니다.

　현대사회는 전문적인 능력을 가진 사람을 원하고 있습니다. 누구나 처음부터 능력을 가지고 있는 사람은 없습니다. 자신에게 있는 모든 힘을 다해 전력투구할 때 힘과 능력은 더욱 생깁니다. 금이 불을 통과하면 더 순수한 순금이 된다고 합니다. 우리의 삶도 역경과 고난과 훈련을 통과하면서 새롭게 변화되는 것입니다.

어떤 사람이 유명한 바이올린 제조가를 방문하여 물었습니다. "당신이 만든 바이올린은 다른 곳에서 만든 것보다 훨씬 더 소리가 좋은데 그 이유가 무엇입니까?" 바이올린 제조가는 이렇게 대답했습니다. "제가 쓰는 바이올린 재료는 매우 다릅니다. 아주 험한 산꼭대기에서 자라는 나무로 씁니다. 평지나 골짜기에 있는 나무는 아무일 없이 평화롭게 자라기 때문에 나무의 질이 면밀하지 않습니다. 반면에 높은 산꼭대기에 있는 나무는 모진 바람에 늘 시달리며 싸워왔으므로 강하고 그 질이 아주 면밀합니다. 이런 나무가 아니고는 좋은 소리를 낼 수가 없습니다."

젊은 날에 흘리는 눈물과 땀은 참으로 고귀한 결과를 가져올 것입니다. 꿈과 비전이 분명하고 삶의 목적이 명확하다면 시련과 역경을 뛰어넘는 것뿐만 아니라 뚫고 나가 이겨내고야 말 것입니다. 아픔은 성숙을 가져오고 좋은 열매가 열리게 합니다. 어느 분야에서든지 성공한 사람들은 그만큼의 시련과 역경을 잘 이겨낸 사람들입니다. 대부분의 사람들이 자기 능력의 15%만 사용하고 있다고 합니다. 자기 능력을 키운 사람들은 자신도 놀랄 정도의 큰일을 해낼 수 있습니다. 이는 바로 끼와 도전정신과 열정에서 이루어지는 것입니다. 우리는 최선을 다하는 삶과 후회 없는 삶을 살아가야 합니다. 기회는 언제든지 찾아오는 것입니다. 우리의 삶은 하나도 최선, 둘도 최선을 다하는 것입니다.

> 스티븐 코비는 "힘은 행동할 수 있는 능력이며, 뭔가를 이룩할 수 있는 것을 말한다. 또 선택과 결정을 내릴 수 있는 에너지이며, 오래된 습관을 극복하고 보다 고상하고 효과적인 습관을 기를 수 있는 능력이다"라고 말했습니다.

산을 등정하는 것도 상승기류를 타는 것도 가장 밑에서부터 올라가는 것입니다. 특별한 비결이 있다기보다는 경험과 체험을 바탕으로 언제나 긴장을 놓치지 않고 하루하루 열심을 다하는 것입니다. 상승기류를 타는 특별한 비결은 없습니다. 비결은 무슨 비결이 있겠습니까? 한 발자국 한 발자국 산 정상을 향해 올라가는 것입니다. 다른 비결은 하나도 없습니다. 그렇게 하면 상승기류를 탈 수 있습니다. 끊임없는 도전이 전 세계 곳곳에서 새로운 역사를 만들어내는 것입니다.

힘차고 강하게 상승기류를 타고 싶다면 평범한 사람이 하는 일과 다른 일을 해야 합니다. 자기 스타일이 분명히 있고, 자신이 원하는 일이 분명하게 있어야 합니다. 내일을 향하는 삶은 미지의 세계로의 도전입니다. 우리가 행하지 않으면 아무런 변화도, 아무 일도 일어나지 않습니다. 우리가 원하는 것을 이루고 싶다면 준비하고 도전해 나가야 합니다. 하루라도 빨리 시작해야 합니다. 한 시간이라도 일찍 시도해야 합니다. 한 발짝이라도 먼저 나가야 합니다. 인간의 역사는 도전과 인내로 만드는 것입니다. 인생이란 도전의 연속입니다. 만약 누군가 한 번도 실패한 적이 없다고 한다면 그 사람은 미래를 향하여 도전해본 적이 없는 사람일 뿐입니다.

　성공과 실패의 분기점은 분명히 있습니다. 성공하는 사람은 어딘가 다른 데가 있습니다. 첫째, 긍정적인 마음, 둘째, 가능성을 찾아내는 눈입니다. 이것이 바로 성공과 실패의 분기점입니다. 우리는 가능성을 찾아야 합니다. 가능성은 비전을 갖는 것입니다. 가능성은 눈에 보이게 하는 것입니다. 가능성은 마음으로 강력하게 원하는 것입니다. 자신이 갖고 있는 모든 끼를 잘 발휘하여 끈기 있게 기다리며 실천해나갈 때 변화는 분명히 일어나게 되어 있습니다. 시류에 따라, 유행에 따라, 상황에 따라 흔들려서는 안 됩니다. 우리는 부속품이 되어서는 안 됩니다. 자신의 삶을 부속품처럼 움직이지 말고 엔진이 되어 움직이게 해야 합니다. 그래야 인생은 살맛이 납니다. 이런 말이 있습니다. "아침이 오기 때문에 태양이 뜨는 것이 아니라 태양이 뜨기 때문에 아침이 오는 것이다." 우리에게 필요한 것은 무엇보다도 자신이 변화되어야 세상도 변화가 된다는 생각입니다. 한 걸음씩 자신감을 갖고 꾸준히 자신의 일을 해나갈 때 가장 좋은 결과를 만나게 되는 것입니다.

### 소낙비 쏟아지듯 살고 싶다

여름날 소낙비가 시원스레 쏟아질 때면
온 세상이 새롭게 씻어지고
내 마음까지 깨끗이 씻어지는 것만 같아
기분이 상쾌해져 행복합니다

어린 시절 소낙비가 쏟아져 내리는 날이면
그 비를 맞는 재미가 있어
속옷이 다 젖도록 그 비를 온몸으로 다 맞으며

집으로 돌아왔습니다

흠뻑 젖어드는 기쁨이 있었기에

온몸으로 온몸으로

다 받아들이고 싶었습니다

나이가 들며 소낙비를 어린 날처럼

온몸으로 다 맞을 수는 없지만

나의 삶을 소낙비 쏟아지듯 살고 싶습니다


신이 나도록

멋지게

열정적으로

후회 없이 소낙비 시원스레 쏟아지듯 살면

황혼까지도 붉게 붉게 아름답게 물들 것입니다

사랑도 그렇게 하고 싶습니다


영국의 화가 터너는 수채화와 판화로 유명합니다. 그의 대표적인 작품 가운데 하나인 〈해상의 폭풍우〉는 남다른 경험을 통해 그린 작품입니다. 폭풍이 몰아치는 어느 날 터너는 배에 올랐습니다. 갑갑한 화실에 틀어박혀서는 폭풍이 몰아치는 바다를 그릴 수가 없었기 때문입니다. 그는 배를 집어삼킬 듯한 거센 풍랑과 싸우면서 휘몰아치는 폭풍을 직접 눈으로 확인했습니다. 그런 후에 화실로 돌아와 폭풍우를 소재로 한 그림을 그렸는데, 그 그림은 이전의 어느 그림보다 훨씬 더 생동감이 넘쳤다고 합니다.

   그래서 인생은 경험이 중요합니다. 그래서 인생은 체험이 중요합니다. 인간은 자신이 경험한 만큼, 체험한 만큼 표현할 수 있습니다. 작가들도 경험 이상의 글을 쓸 수 없다고들 합니다. 그러므로 자신이 살아온 날들이 참으로 소중한 것입니다.

> 보브나르그는 "인간 정신의 가장 위대한 업적은 주어진 기회를 잘 살리고, 주어진 자원을 최대한 활용하는 데 있다"고 말했습니다.

   이 세상에 어떤 일도 하루아침에 이루려고 한다면 그것보다 어리석은 일은 없을 것입니다. 시간과 경험과 노력이 필요합니다. 우리 삶의 한순간도 아무런 보람과 이유 없이 헛되이 흘러가지는 않습니다. 삶에 목표를 정하고 달려들어야 합니다. 열정을 갖고 뛰어들어야 합니다. 자신감을 갖고 자신의 열정을 불태우지 않는다면 그만큼 인생은 초라하게 느껴질 것입니다.

  자신감을 갖는 것이 무엇보다 중요합니다. 누구나 처음부터 잘 이루는 사람은 없습니다. 누구든지 초보자로 시작한다는 것을 우리는 알고 있습니다. 원대한 포부나 단호한 결심을 하는 것은 참으로 좋은 것입니다.

  우리는 심리적으로 언제나 긴장하며 살아가야 합니다. 그리고 용기 있게 도전할 수 있는 능력을 늘 준비해야 합니다. 심한 걱정이나 히스테리에 빠져 마음이 산란해지지 않도록 항상 건강한 정신을 기를 필요가 있습니다. 실패로 생활이 어려워져도 충분히 대처할 수 있는 마음의 자세가 필요합니다. 질병에 걸렸을 때나 혹은 재난을 만났을 때, 가까운 이의 죽음이 왔을 때, 또는 자신에게 상당한 어려움이 찾아왔을 때 서두르고 당황해하지 않도록 늘 준비된 마음이 필요합니다. 평소에 마음에 훈련을 하고 살아가야 나이가 들어가면서도 더 여유 있게 살아갈 수 있습니다. 선악을 분별하고, 사사로운 이익에 사로잡혀 살아가지 말고, 사사로운 정에 매달려 살지 말아야 합니다. 어떤 상황에서도 흔들리지 않고 대처할 수 있는 마음이 되어야 합니다.

뉴턴은 "힘을 내라! 힘을 내면 약한 것이 강해지고 빈약한 것이 풍부해질 수 있다"고 말했습니다.

자신의 끼를 살려서 상승기류를 타고 싶다면 늘 자신을 점검하며 살아갈 필요가 있습니다. 자기를 점검하는 방법에는 10가지가 있습니다.

### 자기를 점검하는 10가지 방법

1. 시간 계획을 세워 하루를 잘 보냈는가?
2. 나쁜 습관에 빠지지 않았는가?
3. 장점을 계발하기 위해 노력했는가?
4. 목표를 달성하기 위해 일보 전진했는가?
5. 지력과 체력을 낭비하지는 않았는가?
6. 일을 처리하는 데 있어 신속하고 명확한 결단을 내렸는가?
7. 주변의 동료나 친구들과 원만하게 지냈는가?
8. 맡고 있는 일을 소홀히 처리한 적은 없는가?
9. 다른 사람들과의 약속을 잘 지켰는가?
10. 양심의 가책을 받을 만한 행동을 한 일은 없는가?

우리 삶도 하나의 전투와 같습니다. 훌륭한 지휘관은 첫 전투를 가장 중요하게 여깁니다. 왜냐하면 첫 번째 전투에서 실패하게 되면 부하들은 다음 전투에서도 패하게 될까 봐 전투에 힘쓰기보다는 살아남을 궁리를 먼저 하기 때문입니다. 그렇기 때문에 첫 전투에서 반드시 승리하려는 것입니다. 첫 번째 전투에서 승리하는 것은 훌륭한 지휘관의 목표입니다. 우리는 우리 삶의 지휘관입니다. 자신의 능력을 키워 삶이라는 전투에서 날마다 승리하며 살아가야 합니다. 자신이 갖고 있는 끼를 마음껏 발산하는 사람처럼 강한 사람은 어디에도 없습니다.

우리는 그리움 속에 살아야 합니다. 성공을 하는 것도 자신의 앞날에 대한 그리움입니다. 우리는 지나간 그리움과 다가올 그리움 속에 살고 있습니다. 영화 〈철도원〉에 이런 대사가 나옵니다. "그리움을 놓치지 않으면 꿈이 이루어집니다." 우리는 결코 그리움을 놓치지 말고 이루며 살아야 합니다. 그리고 삶을 사랑해야 합니다. 삶을 사랑하는 사람이 끼가 있습니다. 삶을 사랑하는 사람에게 열정이 있습니다. 세상의 모든 음악, 모든 미술, 모든 조각품, 모든 문학을 짜내리면 사랑과 열정의 끼가 쏟아집니다. 사랑을 떠나서는 그 어떤 것도 존재할 수 없습니다.

### 사랑한다는 말을 하고 싶을 때

내 심장에 사랑의 불이 켜지면
목 안 깊숙이 숨어 있던
사랑한다는 말이 하고 싶어
입 안에 침이 자꾸만 고여든다

그대 마음의 기슭에 닿아서
사랑의 닻을 내려놓을 때
나는 외로움에서 벗어날 수 있다

내 가슴을 진동시키고
눈물겹도록 사랑해도 좋을
그대를 만났으니
사랑의 고백을 멈출 수가 없다

견디기 힘들었던 시간이 지나고 나면

속 태우던 가슴앓이를 다 던져버리고
그대에게 사랑한다는 말을 할 때
내 슬픔은 끝날 것이다

외로웠던 만큼 열렬하게 사랑하며
무성하게 자랐던 고독의 잡초를 잘라버리고
사랑의 새순이 돋아 큰 나무가 될 때까지
그대를 사랑하겠다


미국의 전 대통령 루스벨트가 아내에게 물었다고 합니다. "내가 이렇게 장애가 있는데도 날 사랑합니까?" 이 말을 들은 아내는 "당신 다리만 사랑하는 것이 아니라 당신의 모든 것, 전부를 사랑합니다!"라고 말했다고 합니다. 이러한 고백을 들을 수 있다면 인생은 멋지게 상승기류를 탈 수 있을 것입니다. 우리도 사랑하는 사람이 멋지게 상승기류를 탈 수 있도록 사랑해주고 후원해주어야 할 것입니다. 사랑을 해야 강해집니다. 멋진 사랑에 빠져야 힘이 생깁니다.

영화배우 줄리아 로버츠는 "사랑은 우주가 단 한 사람으로 좁혀지는 기적이라고 생각한다. 나에게 우주는 내 남편 한 사람뿐이다"라고 말했습니다. 또 크리스토퍼 리브는 "사랑하는 사람과 함께하는 삶은 날마다 기쁨이고 기적이다"라고 고백하고 있습니다. 사랑에 깊이 빠져본 적 없는 사람은 인생을 잘 모릅니다. 이 지상에 자기가 사랑하는 사람이 살고 있다는 것은 참으로 행복한 일입니다.

시모니데스는 "그림은 말없는 시고, 시는 말하는 그림이다"라고 말하고 있습니다. 사랑을 한 시인이라야 사랑의 시를 쓸 수 있습니다. 아름다운 사랑은 아름다운 시라는 그림을 만들어줍니다. 우리가 사랑을 하면 그리움이 생기는데, 그리움 속에 아름다운 그림이 그려진다면 그 사랑은 아름다운 사랑입니다.

독일의 시인 보덴슈테트는 "사랑은 생명의 꽃이다"라고 표현하고 있습니다. 우리는 삶 속에서 사랑의 꽃을 피워야 합니다. 사랑하는 사람이 있다면 표현해야 하고 이루어져야 합니다. 체호프는 "사랑을 얻는다는 것은 모든 것을 얻는 것이다"라고 말합니다. 주변에 사랑하고 있는 사람들의 모습을 살펴보면 알 수 있습니다. 얼마나 행복한 모습입니까? 우리는 사랑의 힘으로 살아갑니다.

시인도 끼가 있어야 합니다. 예술가의 끼가 있어야 합니다. 어느 날 길을 걸어가는데 돌멩이 하나가 떨어져 있었습니다. 돌멩이가 나를 보고 자기를 시로 써달라고 하는 것만 같아 이렇게 시를 썼습니다.

### 돌멩이

길가에 떨어진
돌멩이 하나
어느 등뼈 같은 바위에서
떨어져 나왔을까
고향은 어디일까
돌아갈 수 있을까

봄날 들길을 가다가 민들레 홀씨가 날리는 것을 보고, 민들레에 대한 시를 썼습니다.

### 민들레

민들레가

바람났다

내년 봄까지

돌아오지 않겠다

들판을 걷다 강아지풀을 보고는 웃음이 터져 나와서 시를 썼습니다.

### 강아지풀

누가 얼마나 반가웠으면

뛰쳐나가고

꼬리만 남아서

흔들거리고 있을까

사과를 먹다가 붉은 유혹에 흠뻑 빠져서 시 한 편을 썼습니다.

### 사과

붉은 유혹에
한 입 깨물었더니
피는 쏟아지지 않고
하얀 속살만 보인다


어느 날 부산 강의를 위해 김포공항에 가려고 택시를 탔습니다. 운전기사가 직업이 무엇이냐고 물었습니다. 시인이라고 말했더니 "그럼 가로수로 시를 써보시라!"고 했습니다. 그래서 〈가로수〉라는 즉흥시를 읊어주었습니다.


### 가로수

누구를 얼마나 사랑했기에

제자리를 떠나지 않고

죽을 때까지

기다리고 서 있다가 쓰러지는가

택시기사가 감탄을 하더니 "이번에는 가로등으로 시를 지으시라"고 합니다.

### 가로등

그리움이 얼마나 가득했으면

저렇게 눈동자만

남았을까

또 감탄하더니 "이정표로 시를 지어보시라"고 했습니다.

### 이정표

너는 나의 가는 길을
가르쳐주지만
나는 죽음의 날을 모르기에
살아간다


기사분이 차비를 안 받겠다고 하기에 그럴 수는 없노라며 차비와 팁과 시집 한 권을 선물했습니다.

해운대에서 강의를 하고 외로움에 밤바다를 바라보면서 시를 썼습니다.


### 파도

밤새도록 파도가 밀려와

어둠을 한 움큼씩 한 움큼씩

물고 달아나니까

새벽이 오는구나


우리 삶도 열심을 다하면 어둠이 달아나고 화창한 날이 다가오는 것입니다. 시는 우리가 보고 느끼고 체험한 것을 표현하는 것입니다. 우리는 숨어 있는 잠재력을 가지고 있습니다. 그러므로 잠재력을 나타내야 합니다. 잠재력이란 밖으로 표출되었을 때 엄청난 힘을 발휘하는 능력을 가지고 있습니다. 따라서 잠재력을 찾는 것은 미진한 부분을 개척하여 자기 영역을 넓히는 것입니다. 우리에게는 장점이 숨겨져 있을 때가 있습니다. 자신의 삶을 잘 개간할 때 놀라운 변화가 찾아옵니다.

짐 론이 말했습니다. "변화시키고 싶은 것이 있다면 당신이 변해야 한다. 그러지 않으면 아무것도 변하지 않는다." 우리를 변화시킬 수 있는 놀라운 힘은 숨어 있는 잠재력을 잘 발견하여 나타내는 것입니다.

글도 마찬가지입니다. 우리에게 있는 잠재력을 나타내는 것입니다. 미켈란젤로가 망치를 들면 놀라운 작품이 나오지만 범죄자가 망치를 들면 사람을 피투성이로 만듭니다. 우리에게는 삶이 있습니다. 이 삶이 바로 문학의 도구입니다. 우리 삶을 걸작으로 만드느냐 아니냐는 우리 손에 달려 있습니다. 어떤 조각가에게 물었답니다. "당신은 어떻게 이렇게 놀라운 작품을 만들었습니까?" 조각가는 말했습니다. "대리석에서 필요 없는 부분을 떼어냈더니 이런 좋은 작품이 되었습니다." 우리도 필요 없는 것들을 떼어내야 합니다. 삶이라는 도구를 잘 사용하여 걸작을 만들어야 합니다.

 프리드리히 니체는 "인생의 목적은 끊임없는 전진이다. 사람들은 자기 자신을 세우며 올라가려고 한다. 아득히 먼 곳을 응시하며 이 세상의 것이 아닌 최고의 미를 보려고 한다. 때문에 인생은 높이가 필요하다. 높이가 필요하기 때문에 계단이 필요한 것이며, 계단과 그것을 올라가는 사람들의 갈등이 필요한 것이다. 삶은 올라가려고만 한다. 올라가면서 자기를 극복하려고 하는 것이다"라고 말했습니다.

당신이 무엇을 가지고 있느냐가 아니라 당신이 가지고 있는 것으로 무엇을 하느냐에 따라 삶이 달라집니다. 자신의 능력을 쏟아부어야 합니다! 최선을 다해야 최대의 효과를 얻을 수 있습니다.

러시아의 작곡가 라흐마니노프는 25세에 인정받는 작곡가가 되었습니다. 자신의 재능에 자신만만했던 그가 교향곡 한 곡을 썼는데 실패로 끝났습니다. 그러자 라흐마니노프는 자신의 실력에 의심을 품게 되었습니다. 그때 정신과의사인 콜라스 데일 박사가 방황하는 그에게 말했습니다. "당신의 몸속에는 위대한 능력이 잠자고 있습니다. 이제 그것이 세상에 나오기만 하면 됩니다." 그의 마음은 다시 열리기 시작했습니다. 이듬해 그는 〈피아노 협주곡 2번〉을 작곡하여 성공을 거두었습니다. 잠자고 있는 능력을 일깨워 성공하였습니다.

> 블레이크는 "대개 행복하게 지내는 사람은 노력가다. 게으름뱅이가 행복하게 사는 것을 보았는가! 노력 없이는 누구도 참된 행복을 누릴 수 없기 때문이다. 수확의 기쁨은 그 흘린 땀에 정비례하는 것이다"라고 말했습니다.

자신의 끼를 살려 온몸을 활활 불태울 수 있는 열정이 있어야 합니다. 단 한 번뿐인 삶을 파도처럼, 바람처럼, 불처럼 살다 가야 합니다. 끼가 있는 사람은 자기의 영향력을 100% 다 발휘합니다. 결국에 죽을 인생 자신이 가지고 있는 끼를 다 발휘해서 멋지게 살아가야 합니다. 아낌없이 사랑하고 후회 없이 노력하여 자신의 삶에서 가장 좋은 결과를 만들어내야 합니다.

> 톨스토이는 "쉴 새 없이 사는 것보다 나은 사람이 되고자 노력하자. 여기에 인생의 참된 의미가 포함되어 있다. 어떻게 계속해서 앞으로만 나아갈 것인가. 그것은 오직 노력으로 가능하다. 노력 없이는 결코 나은 사람이 될 수 없다"고 말했습니다.

또한 안데르손은 "아무리 높다 하더라도 인간이 도달할 수 없는 곳은 없다. 믿음과 자신감, 근면을 가지고 이를 행해야 한다. 갈 길이 너무 높다고만 하지 말자! 노력으로 한 발 한 발 다가가자. 근면으로 차근차근 올라가자. 자신 있게 조금씩 성취하자!"라고 말했습니다.

어떤 식당 주인은 늘 밝게 웃으며 손님을 맞이합니다. 그 식당에 손님이 들어서면 주인은 이렇게 말합니다. "손님 오셨습니다. 제일 좋은 자리로 안내해주십시오." 사실 그 식당은 허름한 한옥이라 그

자리가 그 자리입니다. 하지만 오는 손님 모두에게 식당에서 제일 좋은 자리로 안내해주겠다는 것입니다. 식당 주인이 잔잔한 미소와 함께 던지는 그 한마디가 손님을 기분 좋게 해줍니다. 또한 음식을 먹은 후 밥을 볶아줄 때면 다시 이렇게 말합니다. "손님에게는 특별히 제일 좋은 양념으로 특별히 맛있게 밥을 볶아드리겠습니다." 그 말 역시 모든 손님에게 하는 말입니다. 그러나 그런 말을 들으면 손님들은 좋아합니다. 그래서인지 그 식당 주인은 여유가 있고 멋있어 보입니다. 그리고 그 식당에 자꾸만 가고 싶게 됩니다.

상승기류를 타려면 항상, 언제나, 누구에게나, 어느 장소에서나, 어느 때나 배울 자세를 갖춰야 합니다.

헬렌 니어링은 《아름다운 삶, 사랑 그리고 마무리》에서 이렇게 말하고 있습니다. "삶에서 정말 중요한 것은 당신이 갖고 있는 소유물이 아니라 당신 자신이 누구인가 하는 것이다. 단지 생활하고 소유하는 것은 장애물이 될 수도 있고 짐이 될 수도 있다. 우리가 가지고 있는 것이 아니라 그것으로 우리가 어떤 일을 하느냐가 인생의 진정한 가치를 결정짓는 것이다."

상승기류를 타고 성공하려면 습관부터 변화시켜야 합니다.

1. 소극적인 것을 적극적인 것으로
2. 부정적인 것을 긍정적인 것으로
3. 게으름에서 부지런함으로
4. 맹목적에서 분명한 목적으로
5. 우울함에서 기쁨으로
6. 비난에서 칭찬으로
7. 재미없던 것을 재미있는 것으로
8. 결심만 하던 것을 행동으로
9. 지저분하던 것을 깨끗함으로
10. 낭비하던 습관을 절약으로
11. 사람을 싫어하던 것에서 사람을 좋아하도록
12. 약속을 잘 안 지키던 것을 잘 지키도록
13. 말만 하던 것을 행동으로
14. 책을 읽지 않던 습관을 독서가로
15. 말 못하던 것을 달변으로
16. 무관심을 관심으로
17. 실패하던 것을 성공으로

18. 불평하던 것을 감동으로

19. 단점만 보던 것을 장점을 보도록

20. 변명하던 것을 실천으로

21. 뒤처지던 것을 앞장서도록

22. 원망하던 것을 감사로

23. 두려움을 소망으로

우리는 언제나 나폴레옹의 이 말을 기억해야 합니다. "우리가 어느 날엔가 마주칠 재난은 우리가 소홀히 보낸 어느 시간에 대한 보복이다."

도둑에게도 배울 것이 있다고 합니다.

1. 밤늦도록 일한다.
2. 자신이 목표한 일을 하룻밤에 끝내지 못하면 다음 날 다시 도전한다.
3. 함께 일하는 동료들의 모든 행동을 자기 자신의 일처럼 느낀다.
4. 적은 이득에도 목숨을 건다.
5. 아주 값진 물건도 집착하지 않고 몇 푼의 돈과 바꿀 줄 안다.
6. 시련과 위기를 잘 견딘다. 시련과 위기는 그에게 아무것도 아니다.

7. 자신이 하는 일에 최선을 다하며 자기가 지금 무슨 일을 하고 있는지 안다.

상승기류를 타고 성공하려면 근성이 있어야 합니다. 끝까지, 될 때까지 하는 것이 진정한 끼입니다! 어떤 거지의 이야기입니다. 날마다 단 하루도 거르지 않고 거리에서 구걸하는 거지가 있었습니다. 이 거지는 모자를 가지고 구걸을 하는데 얼마 후 보니 모자가 하나 더 놓여 있었습니다. 궁금한 사람들이 그 이유를 물었습니다. 그랬더니 거지가 말했습니다. "요즘 경기가 안 좋아서 지점을 하나 더 냈습니다!"

어려울 때일수록 이처럼 마음의 여유와 넉살이 필요합니다. 유머와 위트가 필요합니다. 생각을 제대로 하고 행동을 제대로 하면 삶이 달라지는 것이 바로 인생입니다.

삶은 두 갈래의 길입니다. 위대함으로 가는 길과 평범하게 사는 길입니다. 높은 산은 올라가기 힘들지만 올라가야 정상에 이릅니다. 세상을 향해 가슴을 확 열어야 합니다. 삶에 행운을 불러들여야 합니다. 일을 할 때 나쁜 상상을 하지 말고 행복한 상상, 멋진 상상을 해야 합니다. 보기 좋게 성공한 모습을 그려야 합니다. 어떠한 경우라도 불운이라고 인정하지 말고 행운의 주인공이 되어야 합니다. 이런 말이 있습니다. "오늘 나에게 열린 문은 어제까지는 벽이었다." 영화 〈사운드 오브 뮤직〉을 보면 "하나의 문이 닫히면 새로운 문이 열린다"는 말이 나옵니다.

> 영화 〈가을의 전설〉에서는 "젊어지는 데는 오랜 시간이 걸렸지만 나이가 드는 데는 한순간이었다"라는 말이 나옵니다. 우리는 영원을 사는 것이 아니라 삶이라는 한순간을 삽니다. 다시는 돌아올 수 없는 소중한 시간이기에 값있게 살아야 합니다.

끼를 가지려면 이렇게 행동하십시오.

1. 거짓말하고 싶을 때 더 진실하게 말하라
2. 게으르고 싶을 때 더 부지런하라
3. 포기하고 싶을 때 인내하라
4. 어떤 장애물도 회피하지 말라
5. 힘이 들 때도 다시 일어서라
6. 칭찬을 들었을 때 더욱 겸손하라
7. 타인을 즐겁게 해줄 수 있는 여유를 가져라

8. 먼저 나누어 주라

9. 언제든지 배우려고 하라


상승기류를 타려면 언제나 위기를 기회로 만들 줄 알아야 합니다. 위기를 기회로 만들려면 위기관리 능력을 키워야 합니다. 원망하는 마음을 반드시 버려야 합니다. 원망하면 끝이 없습니다. 원망은 소득이 전혀 없는 시간 낭비일 뿐입니다. 가슴에 응어리가 지면 건강을 해치고 결국 자기에게 손해만 남습니다. 또한 스스로 자책하는 행동을 하지 말아야 합니다. 후회와 반성은 아주 독하게 해야 하지만 단 한 번으로 족해야 합니다. 복잡한 마음으로 괴로워만 해서는 안 됩니다. 늘 새로운 마음으로 변화를 일으켜야 합니다.

조시 빌링스는 "인생이란 얼마나 근사한 카드를 들고 있느냐가 아니라 그것들을 얼마나 잘 활용하느냐에 따라 달라진다"고 말했습니다.

강사들도 끼가 있어야 합니다. 요즈음 강의하는 즐거움과 재미에 푹 빠져 있습니다. 오랜 세월 동안 이곳저곳을 다니면서 강의하고 있습니다. 전국을 다니며 여행하는 즐거움, 날마다 새로운 사람을 만나는 즐거움이 있습니다. 처음 만나는 사람들에게 웃음을 주고 동기를 부여하고 감동을 주는 것이 그리 쉬운 일은 아닙니다. 사람들은 누구나 감성이 있고 행복하게 살기를 원합니다. 사람들의 감성을 따뜻하게 만져주면 누구나 마음이 부드러워지고 행복해집니다. 그렇게 강의할 수 있다는 것이 행복합니다.

나이가 들어도 매 순간 애정을 갖고 살아가야 삶이 아름다워집니다. 정동진에서 태양이 뜨는 것도 아름답지만 꽃지해변에서 황혼이 물들어가는 것도 가슴 벅차도록 황홀합니다. 태양이 진 후에도 붉은 노을빛은 가슴에 담고 싶을 정도로 아름답습니다. 삶도 그렇게 뜨겁게 사랑하며 살아가야 합니다.

한 번은 자동차 회사에 강의를 갔을 때의 일입니다. 오전 8시 첫 강의였습니다. 강의를 들어야 할 70명이 전날 술을 210병을 마셨다는 것입니다. 참으로 큰일이 아닐 수 없었습니다. 술에 녹초가 된 사람들이 어떻게 강의를 제대로 들을 수 있을까 걱정이 태산 같았습니다. 접견실에서 부사장을 만나 담소를 나누는데 나이가 같아 공감하는 부분이 많았습니다. 강의실에 들어가서 보니까 부사장이 제일 앞자리에 앉아 있었습니다. 그리고 강의 내내 적극적으로 참여하며 직원들을 리드해주었습니다. 부사장이 솔선수범해서 처음부터 끝까지 적극적으로 참여해주니 어려울 것만 같았던 강의 분위기가 도리어 참으로 좋았습니다. 모두 같이 웃고, 같이 소리치며 마음을 함께했습니다. 걱정스러웠던 강의가 도리어 최고의 강의가 되었습니다. 한 사람의 리더가 얼마나 중요한지 알게 된 강의였습니다.

강의를 시작할 때 보면 표정이 살아 있는 사람이 있고, 전혀 표정이 없는 사람이 있습니다. 공감하는 강의를 하면 모두가 표정이 살아납니다. 사람의 얼굴에는 인생이 있고 삶의 모습이 있습니다. 표정이 살아나야 삶의 맛도 살아납니다. 감성이 따뜻한 사람이 자신도 주변 사람도 행복하게 만듭니다. 강의를 시작할 때 차갑고 썰렁하던 분위기가 강의가 진행될수록 박수와 웃음이 터져 나오고 강의가 끝날 때면 박수가 크게 터져 나옵니다. 사람들은 누구나 가슴에 응어리진 것을 풀고 싶어 하기에 가슴이 확 트이도록 함께 떠들고 박수치면 속이 후련해지는 법입니다.

한번은 강의가 참으로 잘되는 날이 있었습니다. 유머 보따리를 계속 풀어내자 청중이 배꼽을 쥐고 웃어주었습니다. 단 한 사람도 웃지 않는 사람이 없었습니다. 강의가 끝나자 사회자가 광고를 했습니다. "여러분 지금 강연장 바닥에 여러분들의 배꼽이 수두룩하게 빠져 있습니다. 찾아가실 분은 옷핀이나 바늘을 꺼내 떨어져 있는 배꼽을 콕콕 찔러보십시오. 여러분의 입에서 '아야' 하는 소리가 나면 얼른 찾아서 제자리 넣고 돌아가시기 바랍니다." 나도 듣고 웃었습니다. 바로 이런 맛에 강의를 하는 것입니다. 그래서 세상은 살맛나고 살아볼 만한 것이 아니겠습니까?

몇 해 전 여름이었습니다. 강의를 마치고 내려오는데 한 사람이 나에게 다가와 내 이마를 보며 말했습니다. "이 세상에서 가장 어려운 일 중에 하나가 무언지 아세요?" 갑자기 받은 질문이라 잘 모르겠다고 했습니다. 그 사람이 웃으며 말했습니다. "그건 대머리에 머리핀을 꽂는 거예요." 머리를 만지며 웃었더니 다시 이렇게 말했습니다. "물론 대머리에는 접착제로 머리핀을 붙일 수는 있지만 정말 세상에서 가장 어려운 일은 인간관계예요."

그가 전해준 이야기 속에는 참으로 중요한 뜻이 담겨 있습니다. 왜 많은 사람들이 괴로워하며 살아가고 있습니까? 바로 인간관계가 잘못되어서입니다. 친절과 겸손 그리고 웃음으로 주변 사람들을 사랑하면 자신도 기쁨 속에 행복을 느끼며 살아갈 수 있습니다.

예술가도 끼가 있어야 진정한 예술의 혼을 불사를 수 있습니다. 잘되면 잘되는 대로, 잘 안 되면 안 되는 대로 늘 현실 상황을 인정할 수 있어야 합니다. 쓸데없는 핑계와 신세타령만 하고 있으면 아무런 소득과 열매도 거두지 못합니다. 현실을 냉혹하게 받아들이고 도전해야 합니다. 쓸데없이 궁상떨고 있지 말아야 합니다. "내 꼴이 왜 모양이야!" 하는 어리석은 마음을 다 던져버려야 합니다. 이런 마음은 가장 치사하고 가장 어리석은 마음입니다. "못살겠다! 죽겠다!"는 말은 하지 말아야 합니다. 언제든지 조급한 마음보다는 넉넉한 마음을 가져야 합니다. 최고가 되려면 최고를 닮아가야 합니다!

# 확신을 갖고 깡다구로 살아라

## 5

확신이 중요하다. 당신이 발전하고 있다고 믿어라.
그렇지 않다면 당신은 죽은 것이나 다름없다.

―린던 존슨―

　상승기류를 타기 위해서는 움직이면 돈이 되는 삶을 살아야 합니다. 지갑에 돈 한 푼 없을 때를 생각해보십시오. 얼마나 초라해지고 비굴해지는지 말입니다. 내일이 보이지 않을 때 얼마나 비참합니까? 사람을 만나고 싶지 않고, 친구들, 가족, 부모조차 존중해주지 않을 때가 있습니다.

　오늘의 시대에 돈이 없다는 것은 살아갈 힘을 잃어버리는 것입니다. 악착같이 살아서 돈의 흐름을 자신에게로 바꾸어놓아야 합니다. 어떤 사람은 움직이면 돈이 들어옵니다. 그러나 어떤 사람은 움직일수록 돈이 나갑니다. 돈의 흐름을 살펴보면 지금 자신의 인생이 어떤 방향으로 흘러가고 있는지 분명하고 확실하게 알 수 있습니다. 돈을 찾아다니고, 돈을 따라다닐 것이 아니라 돈이 당신을 찾아오도록 해야 합니다. 돈을 벌려고만 하면 돈이 들어오지 않습니다. 일을 즐기면 자연히 돈이 들어오게 됩니다.

"뛰어나게 일을 잘하지 않을 거라면 처음부터 하지 마라. 뛰어나게 잘하는 일이 아니라면 돈벌이도 안 되고 재미도 없다. 재미도 없고 돈벌이도 안 되는 일을 한다면 도대체 무슨 소용이 있는가"라고 로버트 다운젠트가 말했습니다.

일도 돈벌이가 되어야 재미가 있습니다. 재산이 늘어나면 마음의 여유도 생기고 그만큼 일을 자신 있게 할 수 있습니다. 그래서 돈이 힘이라고 말하는 것입니다. 부자들은 돼지 저금통에 돈을 넣지 않는다고 합니다. 왜냐하면 이자가 붙지 않기 때문입니다. 돈은 굴려야 합니다. 돈은 있는 사람, 돈을 사랑해주고 아껴주는 사람에게 더 많이 찾아옵니다. 그만큼 돈을 잘 관리해야 합니다.

> 돈이 돈을 낳는다. - 존 로이
> 돈이란 바닷물과도 같다. 마시면 마실수록 목이 마른다. - 쇼펜하우어
> 돈은 거짓말하지 않는다. 돈 앞에 진실하라. - 이병철

돈이 없어서 단칸방 사글세에서 살거나 쪽방에서 살면 얼마나 삶

이 버거운가를 알 수 있습니다. 돈 한 푼 없는 알거지가 되면 눈앞이 깜깜하고 참혹하고 암담해지는 것입니다. 돈이 없으면 좋아해주는 사람이 아무도 없습니다. 홀로 남게 됩니다. 세상에 가장 참혹하게 버림을 당하게 됩니다. 정말 하늘이 노랗게 보인다는 것을 알 수 있습니다. 궁색할수록 삶은 더 피로하게 되고 지치고 병들게 됩니다. 그러므로 인생의 상승기류를 타도록 언제나 있는 힘을 다해 노력하며 살아야 합니다.

  자신의 영향력을 살려 돈 버는 기쁨을 누리며 사글세에서 전세로, 전세에서 방 여러 개로, 드디어 내 집을 사서 입주하는 날이면 그 행복이란 가슴이 터져 나가도록 좋은 것입니다. 이런 맛에 일을 하고 삶의 상승기류를 타는 것입니다. 그래서 삶을 좀 더 깡다구로 살아야 합니다. 악착같은 근성으로 멋지게 해내야 합니다. 모두가 할 수 없다고 해도 해내는 것입니다. 다른 사람이 모두 포기해도 해낼 수 있는 저력과 힘을 가지고 도전해야 합니다. 일을 할 때는 '폼생폼사'가 아니라 '깡생깡사'로 있는 힘과 열정을 다 쏟아내 전력질주해야 합니다. 어금니 한번 꽉 깨물고, 주먹 한번 불끈 쥐고, 마음을 단단히 먹고 살아보는 것입니다. 성공하는 사람들은 복권을 사지 않고 관심도 없다고 합니다. 공짜나 요행을 바라지 않는다는 것입니다.

### 돈 없어보라

돈 없어보라
지갑에 먼지가 나도록 텅텅 비어보라
찬바람이 생생 불어온다

누가 사람 대우 해주던가
누가 눈길 한번 주던가
가위 눌리고 발끝에 부딪치는 것은 슬픔뿐이다

집도 직장도 없고 가족도 흩어지고
신음만 가득하고 사는 게 맹탕이고
버둥대며 사는 알거지 신세가 되어보라

산산조각나 깨어진 꿈
다시는 붙일 수 없고
우정은 무슨 우정, 애정은 무슨 애정,

사랑은 무슨 사랑,
가족 형제 친구 다 외면하고 아무 소용이 없다

돈 없어보라
하늘도 땅도 깜깜해 앞이 보이지 않고
온통 낭떠러지
모든 것들이 발과 손을 꽁꽁 묶어놓아
꼼짝달싹할 수가 없다

슬픔의 무게를 견딜 수 없어
맨땅에 주저앉아 허공을 바라보는 신세가 되어보라
구박덩어리 눈칫밥 신세
헐벗은 뼈마디마다 울화가 치밀어 소리 지르고 싶고
눈물겹게 살아야 하는 것을 알 수 있다

깡이란 무엇입니까? '깡다구'의 준말입니다. 사람들과 소통할 때 소극적이 되지 말고 적극적으로 자신을 표현해야 합니다. '악착스럽게 버티는 오기, 버티어 밀고 나가는 힘'입니다. 폼생폼사는 아무 소용이 없습니다. 폼이 아니라 무엇이든지 해낼 수 있는 깡이어야 합니다. 자신은 부족하지만 그것을 뛰어넘을 수 있는 힘을 가져야 합니다. 강한 능력과 힘을 가져야 상승기류를 탑니다.

프리드리히 니체는 "인생의 목적은 전진이다. 밑에는 언덕이 있고 냇물도 있고 진흙도 있다. 걷기 평탄한 길만 있는 게 아니다. 먼 곳을 항해하는 배가 풍파를 만나지 않고 조용히만 갈 수는 없다. 풍파는 언제나 전진하는 자의 벗이다. 고난 속에 인생의 기쁨이 있다. 풍파 없는 항해는 얼마나 단조로운가! 고난이 심할수록 내 가슴이 뛴다"라고 말했습니다. 깡이 있는 사람들이 상승기류를 탑니다. 피곤도 이겨내고, 조롱도 이겨내고, 비굴함도 이겨내면서 깡다구를 부리며 잘 버팁니다. 잘 살아남습니다.

힘이 들고 어려울 때, 그만두고 싶고 뛰쳐나가고 싶을 때에도 자신이 하는 일이 분명하다면 뒤돌아보지 말고 계속해서 나아가야 합니다. 시작하는 것도 중요하지만 중도에 포기를 반복하는 것은 실패의 악순환을 계속해서 만들어가는 것입니다. 깡이 있다면 자기 자신을 긍정적으로 받아들여야 합니다. 눈물 속에 피어난 웃음꽃이 더 아름답습니다.

단 한 번뿐인 삶입니다.

다시는 돌아올 수 없는 삶입니다.

살 때는 철저하게 그 전부를 살고

죽을 때는 철저하게 그 전부를 죽어야 합니다.

우리의 삶은 1인용 냄비 사랑이 아니라,

퍼줘도 퍼줘도 남는 가마솥 사랑이 되어야 합니다.

바람만 잔뜩 들어 있는 풍선 같은 사랑이 아니라

옥수수 알맹이처럼 알차게 살아야 합니다.

아뷰난드가 "세월은 누구에게나 평등하게 주어진 자본금이다. 이 자본을 잘 이용하는 사람에게는 승리가 온다"고 말했습니다. 우리에게 주어진 시간 동안 어느 때고 정말 후회 없고 한숨이나 허탈한 웃음이 나오지 않도록 삶을 살아야 합니다. 하루를 지내는 동안 어른의 경우 몸에서 이런 일이 일어납니다. 심장은 하루 동안 10만 3,689번을 뜁니다. 몸속의 혈액은 1억 6,800만 마일을 달립니다. 하루 동안 숨을 몇 번이나 쉬겠습니까? 2만 3,040번 쉽니다. 하루 동안 두뇌 세포는 700만 개를 사용합니다.

몸도 이렇게 열심히 일하는데 우리도 열정을 갖고 살아서 삶을 감동적으로 만들어야 합니다. 어려운 일이나 힘든 일이 있으면 술로 해결하려는 사람이 있지만, 결코 술이 우리 삶을 바꾸어놓지는 못합니다. 술은 인생의 어떤 문제도 해결하지 못합니다. 날마다 이 핑계 저 핑계로 애꿎은 소주 병만 목에 꽂지 말고 자신을 계발하고 변화시켜서 상승기류를 분명하고 확실하게 타야 합니다. 일을 못하는 사람들이 조상 탓, 가족 탓, 동료 탓, 남 탓을 잘합니다. 그러나 모든 것은 자신이 잘못하는 탓입니다. 그러므로 스스로 올무에서 벗어나야 상승기류를 탈 수 있습니다. 뵈르네는 "질병은 천 개가 있지만 건강은 하나밖에 없다"고 말했습니다. 상승기류를 타려면 지나친 술과 방종에서 떠나야 합니다. 술에 대한 정체를 알려드립니다.

나는 얼굴이 없는, 역사상 최고의 흉악범이다.
나는 역사적으로 한 번도 체포된 적이 없다.
나는 건강한 사람을 환자로 만들 수 있다.
나는 멀쩡한 사람을 야수로 만들 수 있다.
나는 지혜로운 사람을 우매자로 만들 수 있다.
나는 돈이 많은 사람을 거지로 만들 수 있다.
나는 장래가 촉망되는 젊은이를 지금 당장 파멸시킬 수 있다.
나는 행복이 넘치는 가정을 불행하게 만들 수 있다.

나는 사람을 양같이 온순하게 만들 수 있다.

나는 사람을 난폭하게 만들 수 있다.

나는 사람을 돼지같이 더럽게 만들 수 있다.

나는 사람을 사슴같이 춤추고 노래를 부르게 만들 수 있다.

나는 모든 사람을 죽일 수도 있다.

지금까지 내 손에 쓰러진 사람이 많다.

어느 누구도 나를 죽이지 못하지만

내 힘을 약하게 하는 것은 자제력과 맑은 물뿐이다.

나는 술이다.

강철왕 카네기에게 한 신문기자가 물었습니다. "사업이 실패하면 어떻게 할 것입니까?" 카네기는 대답했습니다. "또다시 시작할 것입니다!" 한 번 시작하면 될 때까지 해내는 깡이 있어야 합니다. 올리버 골드스미스는 "누가 가장 영광스럽게 살아가는 사람인가? 한 번도 실패하지 않고 사는 사람이 아니라 실패할 때마다 조용히 그러나 힘차게 다시 일어나는 사람이다"라고 말했습니다.

미국의 한 하원의원이 심한 병에 걸렸습니다. 그에게 의사가 말했습니다. "만일 당신이 활동을 계속한다면 약 60일 정도 살 수 있을 것이지만 은퇴한다면 아마 몇 년은 더 살 수 있을 것입니다." 이 말을 들은 하원의원은 이렇게 말했습니다. "나는 60일을 택하겠습니다. 나는 무익하게 더 사는 것을 원치 않습니다." 그는 두 달 후에 죽었습니다. 그러나 그는 삶의 마지막을 최선을 다해서 살았습니다. 그는 무익한 삶을 원하지 않았던 것입니다. 타인이 뭐라 해도 자신이 변화하면 됩니다. 자신을 뛰어넘어야 성공합니다.

할머니 한 분이 암에 걸렸습니다. 병원에서 오랫동안 치료를 해도 가망이 없었습니다. 의사가 할머니에게 말했습니다. "할머니! 병원에서는 치료할 만한 것은 다 했습니다. 더 이상 치료할 수가 없으니 집으로 돌아가셔서 조용히 임종을 준비하시면서 편안히 보내세요!" 할머니가 집으로 돌아와서 임종을 준비하며 나날을 보내고 있는데 어느 날 강도가 들어왔습니다. "돈만 주면 살려준다! 돈만 주면 살려준다!"라고 강도가 외쳤습니다. 이 말을 들은 할머니가 강도의 뺨을 후려치며 말했습니다. "아니, 이놈아! 의사도 못 살린다고 해서 집으로 왔는데 네 놈이 나를 어떻게 살려, 이 강도 놈아!" 강도는 혼쭐이 나서 도망치고 말았습니다.

진정한 성공이나 행복은 어느 정도의 자기 긍정이 없으면 불가능합니다. 자기 긍정이란 자신의 자산이나 능력뿐만 아니라 실수, 약점, 결점, 잘못 등도 있는 그대로 받아들이고 거기서부터 시작하는 것을 말합니다. 자기 자신을 있는 그대로 받아들여야 합니다. 그리고 자발적이고 합리적으로 노력하는 것입니다.

세상에서 가장 아름다운 소리를 내는 바이올린은 이탈리아의 장인 스트라디바리가 제작한 '스트라디바리우스'라고 합니다. 스트라디바리는 십대 시절부터 93세까지 무려 1,100대의 바이올린을 만들었습니다. 그에게는 바이올린을 만드는 오직 한 가지의 원칙이 있었습니다. "만약에 바이올린이 아름다운 소리를 내지 않으면 아낌없이 다 부숴버린다. 그런 바이올린에는 절대로 내 이름을 적어 팔지 않는다!" 깡이 있다면 포기하지 않는 열정을 가져야 합니다. 확신을 갖고 살아가야 합니다. 포기할 것은 확실하게 포기하고 이루어야 할 것은 목숨을 걸고라도 해내야 합니다.

등산하는 사람들도 상승기류를 타는 기쁨을 누립니다. 온갖 고난을 극복하고 산 정상에 오르는 기쁨은 지상 최고의 기쁨입니다. 프리드리히 니체는 등산에 대해 "등산의 기쁨은 정상에 올랐을 때 가장 크다. 그러나 내게 있어 최상의 기쁨은 험악한 산을 기어 올라가는 순간에 있다. 길이 험하면 험할수록 가슴이 뛴다. 인생에 있어서 모든 고난이 자취를 감췄을 때를 생각해보라! 그 이상 삭막한 것은 없을 것이다"라고 말했습니다. 그리고 세네카는 정상 정복의 기쁨을 "비록 산의 정상에 이르지 못했다 하더라도 그 도전이 얼마나 대견한 일인가. 중도에서 넘어진다 해도 성실히 노력하는 사람을 존경하자. 자신에게 내재된 힘을 이용해 최대한 끊임없이 도전하는 사람, 큰 목표를 설정해놓고 부단히 노력하는 사람은 인생의 진정한 승리자인 것이다"라고 말했습니다.

**깡이 있다면 두려움을 극복하라**

1. 두려움의 근원을 잘 파악하라
2. 두려웠던 일을 하라
3. 치밀한 준비를 통해 자신감을 쌓아라
4. 마음속에서 패배의 기억이 아니라 성공의 기억을 꺼내라
5. 실패는 배움의 기회이다. 자신 있게 살라

처음부터 잘되는 사람은 없습니다. 쓰러지고 넘어지고 끊겨서 비명을 지르고 싶을 정도로 어려운 순간을 이겨낸 사람들이 결국에는 상승기류를 타고 성공하는 것입니다. 죽을 만큼, 자살할 만큼 독하게 마음 단단히 먹으면 못 할 일이 어디에 있겠습니까? 우리가 가지고 있는 가능성은 무한합니다. 이와 반대로 인간의 불가능성도 무한합니다. 상승기류를 타는 사람들의 장점은 마이너스를 플러스로 바꾸는 것입니다. 제2차 세계대전을 승리로 이끈 영국 수상 윈스턴 처

칠은 항상 다음과 같은 세 가지 용기를 가져야 한다고 생각했습니다. 첫째, 죽음을 두려워하지 않는 용기, 둘째, 남에게 미움을 받는 용기, 셋째, 자신이 시작한 일을 자기 자신보다 더 사랑하는 용기. 승리를 만들어가는 위대한 사람 윈스턴 처칠이 말하는 세 가지 용기를 가지면 성공할 수 있습니다.

한 남자가 자살한다고 기찻길에 누워 있었습니다. 그의 옆에는 빵과 물이 잔뜩 있었습니다. 소문을 듣고 달려온 친구가 물었습니다. "아니, 세상을 비관해서 죽고 싶다는 놈이 빵을 그렇게 많이 사다 두었냐!" 이 말을 들은 자살하려는 남자가 말했습니다. "이 동네는 기차가 가끔 와! 그래서 기다리다가 굶어 죽을까 봐 그러지." 어려운 일이 있을 때 재미있는 유머를 생각하면 기분이 전환됩니다.

언제나 실행하면 되는 것입니다. 안 하니까 안 되는 것입니다. 상승기류를 타려면 잘못된 습관을 아주 좋은 습관으로 바꾸어야 합니다. 습관이 우리의 삶을 완전하게 바꾸어놓습니다. 습관은 언제나 우리 곁을 떠나지 않는 동반자입니다. 습관은 가장 충실한 조언자일 수도 있고 가장 무거운 짐일 수도 있습니다. 습관은 우리에게 상승기류를 타도록 밀어 올릴 수도 있고 실패하도록 추락하게 할 수도 있습니다. 우리를 절망으로 끌어내릴 수도 있습니다. 습관을 바꾸면 어렵게 느끼던 일들도 쉽게 할 수 있습니다.

## 번민

나는 투쟁도 하지 않았는데
피투성이가 되었다
허공에 내던져진 열 손가락을 끌어당겨
스물여덟 뼈마디를 움켜쥐고 있는데
피투성이가 된 이유는 무엇이냐

심장조차 도려낼 수 없는
쓰라림을 소리치며 웃다
길가 상품처럼 전시되어 있는
과거를 아는 녀석이 미친 듯이 웃고 있을 때
나는 고꾸라져 두 무릎을 꿇고 말았다

창문을 열어도
바람 불지 않는 날은
웃지도 울지도 못하는

비 오는 날은

사형수가 되어

집으로 돌아갈 줄 몰랐다


책을 보고 있을 때

글자들이 열 지어

눈앞을 빙빙 돌아도

하얀 백지 위에는

아무런 이유도 생기지 않았고


허공에 내던져진

열 손가락을 열심히 움직였는데

아무런 투쟁도 못한 채

나는 피투성이가 되었다


삶이란 처절한 투쟁이고 경쟁입니다. 때로는 사투입니다. 이겨내고 또 이겨내며 살아야 합니다. 그냥 사는 삶은 없습니다. 항상 실제

상황입니다. 겉으로는 자연스럽고 평화로운 것 같으나 언제나 전쟁터를 방불케 하는 생존경쟁의 싸움터입니다. 이겨내는 자가 존재합니다. 진실하고 근면하고 확신을 가진 사람들만이 상승기류를 타고 올라갈 수 있습니다. 우리는 언제나 자기와의 싸움과 투쟁에서 먼저 이겨야 합니다. 이 세상에 문제가 없는 사람은 없습니다. 문제가 있기에 해결할 수 있습니다. 절망이 있기에 희망이 있습니다. 실패가 있기에 성공이 더욱더 빛나는 것입니다. 상승기류를 타야 궁핍한 삶에서 벗어나 인간다운 삶을 살 수 있습니다. 상승기류를 타면 항상 균형 잡힌 삶을 살아갈 수 있습니다. 언제나 뒤처지지 않으려고 노력하고 앞으로 나아가야 합니다.

다나카 고이치는 노벨 화학상을 수상했습니다. 그가 어떻게 노벨 화학상을 받을 수 있었겠습니까? 그는 수많은 실패를 거듭할 때마다 자신감을 갖고 자신이 한 실패의 원인을 철저하게 분석하는 습관을 가졌습니다. 그는 "저 역시 수없이 실패를 겪었고 그럴 때마다 의기소침해져서 더 이상 그 일을 쳐다보기도 싫었습니다. 그렇지만 왜 실패를 하게 되었는지 원인을 밝히지 않으면 안 됩니다. 그것을 끝까지 규명하지 않으면 실패를 반복하고 맙니다"라고 말합니다. 다나카 고이치의 이러한 습관이 노벨상을 수상하는 데 밑바탕이 된 것입니다. 습관은 삶을 새롭게 변화시킵니다. 실패를 하더라도 용기를 내어 다시 시작하면 됩니다.

> 하나의 문이 닫히면 다른 문이 우리 앞에서 기다리고 있습니다. 그러나 사람들은 닫힌 문에 너무 연연해하기 때문에 우리에게 열려 있는 문은 보이지 않습니다.

긍정의 힘은 삶의 가능성을 보여줍니다. 감사하는 태도가 우리에게 선물을 안겨주는 것입니다. 감사하는 삶은 자신은 물론, 주변 사람들 모두를 행복하게 해줍니다. 우리는 감사하는 태도를 통해 더욱 사려 깊은 사람으로 거듭나게 되는 것입니다. 사람들과의 관계에 대해서 깊이 생각하는 습관이 그 같은 변화를 이끌어내는 것입니다.

태풍은 지구에 살고 있는 사람들을 긴장하게 만드는 자연현상 중에 하나입니다. 보통 태풍의 이름은 여성명사를 붙이는데 그 이유는 좀 더 부드럽게 지나가기를 바라는 뜻에서입니다. 그러나 태풍이 불어와야 바다가 살아납니다. 태풍이 큰 너울을 일으켜 바다 속까지 산소를 공급해 풍어를 가져오는 것입니다. 우리의 삶 속에도 고난의 태풍, 실패의 태풍, 역경의 태풍이 있어야 더 견고하게 서서 상승기류를 탈 수 있습니다. 땀 흘리지 않고 성취되는 일은 그 어떤 것도 없습니다. 땀 흘리는 가운데 행복이 있습니다. 땀 흘리는 가운데 성취하는 기쁨이 있습니다. 땀 흘리는 가운데 보람이 있습니다.

조셉 M. 마셜은 자신의 저서 《그래도 계속 가라》에서 "강인함이란 삶의 폭풍에 용감하게 맞서고, 실패가 무엇인지 알고, 슬픔과 고통을 느끼고, 비탄의 구렁텅이에 빠져보고 나서야 얻을 수 있다. 폭풍우 속에서도 일어나야 하고, 바람과 추위와 어둠에도 용감히 맞서야 한다. 폭풍이 부는 것은 너를 쓰러뜨리기 위해서 아니라 조금 더 강해지도록 도와주는 것이다"라고 말하고 있습니다.

마라톤도 42.195킬로미터를 제일 먼저 완주해야 금메달을 따고 우승합니다. 삶도 마찬가지입니다. 물도 100도가 되어야 끓습니다. 우리 인생의 온도도 상승기류를 타고 성공의 불꽃을 피우기 위해서는 100도가 되어야 합니다. 우리 인생의 온도도 100도 이상으로 높여 사랑도, 일도 열정을 펄펄 끓게 해야 합니다. 도자기를 만드는 문경 지방의 도공들은 가스 가마를 쓰지 않고 전통적인 가마를 씁니다. 장작 가마의 온도를 1,300도로 올려야 합니다. 1,300도가 되면 도자기를 만드는 흙과 물과 불이 조화를 이루어 변화가 일어납니다. 뜨거운 불길에서 가장 좋은 도자기가 나오는 것입니다.

당신의 삶을 멋지게 상승기류를 타게 하려면
인생의 온도를 100도 이상으로 확 높여야 합니다.

몰입이냐, 몰락이냐에 따라 삶의 결과가 분명히 달라집니다. 달인들을 보면 늘 웃으면서 일하지만 집중력이 얼마나 대단합니까? 누구나 전력투구를 하면 삶이 새롭게 변할 수 있습니다. 미국의 한 잡지 광고는 "당신은 꿈만큼 성공할 수 있습니다!"라는 카피로 유명합니다. 자신이 갖고 있는 미래에 대한 희망과 열망을 절대로 포기하지 말아야 합니다. 선한 사람이 왜 못사는가 살펴보면 마음은 착한데 열정이 없습니다. 의욕이 없습니다. 우리 모두에게 필요한 것은 삶을 살아가기 위한 열정입니다.

프랭클린 아담은 "도전을 두려워하지 말라. 도전해보지 않고서는 당신이 무엇을 해낼 수 있는지 아무도 알 수 없다"고 말했습니다.

도스토예프스키는 "꿈을 밀고 나가는 힘은 이성이 아니라 희망이며, 두뇌가 아니라 심장이다"라고 말했습니다.

영국 런던의 한 거리에서 구두를 닦는 소년이 있었습니다. 아버지는 빚 때문에 감옥에 갇히고 생활이 어려워져서 소년은 구두를 닦기 시작했습니다. 소년은 이른 아침부터 늦은 저녁까지 구두를 닦으면서도 항상 밝은 표정을 지으며 노래를 불렀습니다. 구두를 닦는 사람들이 물었습니다. "너는 구두를 닦는 것이 왜 그렇게 즐겁니?" 소년은 이렇게 말했습니다. "구두를 닦는 것이 즐겁습니다. 저는 구두를 닦고 있는 것이 아니라 희망을 닦고 있습니다."

이 소년이 《올리버 트위스트》를 쓴 작가 찰스 디킨스입니다. 타키투스의 말처럼 용기가 있는 곳에 희망이 있는 법입니다. 용기는 당면한 문제를 해결할 수 있는 힘입니다. 용기란 두려움이나 고난에도 불구하고 전진하는 능력입니다. 용기가 있는 사람이 상승기류를 타는 것입니다.

> 로자베스 모스 캔터는 그의 책 《자신감》에서 "문제가 생기는 것은 그리 나쁜 일이 아니다. 위기에 대처하는 것은 성공 주기를 방해하는 대신 오히려 가속할 수 있다. 과거의 문제를 성공적으로 해결한 사람들은 새로운 위험이 닥쳐도 위기감을 덜 느낀다. 위기와 역경을 극복했을 때 더 강해진다"고 말하고 있습니다.

**최고가 되는 7가지 방법**

1. 밝은 마음으로 경쟁하라
2. 미래의 나는 내가 만든다
3. 슬럼프에서 벗어나라
4. 끊임없이 변화하라
5. 세상의 짐을 가볍게 만들어라
6. 비전을 만들어라
7. 절대 포기하지 말라

삶은 작은 배를 타고 거친 바다를 항해하는 것과 같습니다. 고해, 즉 고통의 바다를 항해하는 것과 같다고 합니다. 아픔도, 이별도, 죽음이라는 것도 끊임없이 나타나는 파도요, 바람입니다. 배의 돛 자체가 배를 움직일 수는 없습니다. 돛은 바람의 도구로 사용될 뿐입니다. 때때로 고해 같은 인생 항로에 세차게 부딪치는 바람은 도리어 배를 앞으로 나아가게 만들어줍니다. 삶의 항로에서 일어나는 고난의 바람, 심지어 태풍까지도 잘 이용할 수만 있다면 더 큰 유익이 될 수도 있습니다.

하지만 만에 하나 나의 경험, 나의 학문, 나의 지혜로만 삶의 돛을 움직일 수 있다고 생각한다면 그것만큼 큰 착각과 오산은 없습니다.

우리 삶의 항해를 인도해주시는 분이 있습니다.

미국의 심리학자 윌리엄 콕스에 의하면 인류 역사상 위인이라고 일컬어지는 사람들 중의 90%가 능력 있고 주변 여건이 뛰어난 사람들이 아니라, 능력은 좀 부족하지만 뛰어난 의욕과 강인한 의지를 가진 사람들이라고 합니다. 헬렌 켈러, 에디슨, 프랭클린, 링컨 등과 같은 사람들도 육체적으로나 능력 면에서 결코 남보다 뛰어나서 위인이 된 것이 아닙니다. 그들은 한결같이 모두가 강한 의지를 가진 사람들입니다. 그 강한 의지가 꿈을 이루어내는 것입니다. 의지의 힘은 참으로 위대합니다.

> 찰스 가필드는 "정상에 오른 성공한 자는 반드시 이루어야 할 사명에 목숨을 건 사람이다. 이들은 누가 보아도 일에 푹 빠져 있다는 것을 알 수 있다. 바로 그러한 사명에서 그들의 노력과 에너지, 열정이 솟아난다"라고 말했습니다.

'개 같은 인생'이라는 이야기가 있습니다. 개와 달리기를 해서 개에게 지면 개보다 못한 인간이라고 합니다. 개와 달리기를 해서 같이 1등을 하면 개 같은 인간이라고 합니다. 개보다 더 빨리 달리면 개보다 더한 인간이라고 합니다. 한 번 사는 인생을 개 같은 인생을 살아서는 안 될 것입니다. 일을 제대로 안 하고 요령을 피우니까 문제가 생기는 것입니다. 매사에 짜증을 내니까 우울해지고 피곤해지는 것입니다.

빈스 룸바르디는 "피곤은 우리 모두를 겁쟁이로 만든다"라고 말했습니다.

# 꾼이 되어 꾀를 살려라

## 6

당신의 미래는 많은 것들에 좌우되지만
대부분 자신에게 달려 있다.
―프랭크 타이거―

꾼이란 무엇입니까? 자기 분야에서 전문가가 되는 것을 말합니다. 자신이 하는 일에 최고의 실력을 발휘할 줄 아는 사람입니다. 성공하기 위해서는 한 분야에서 전문가가 되어야 합니다. 그러기 위해서는 꾸준한 인내와 노력이 필요합니다. 기왕이면 자신의 일에 명장, 명인이 되어야 합니다. 일만 하는 일꾼이 아니라 자기 분야에서 최고의 꾼이 되어야 합니다. 김연아, 박지성, 박태환, 이승엽, 박찬호, 세계 무대에서 뛰고 있는 골프 선수들! 자신의 일을 제대로 하는 사람이 소통을 잘합니다.

삶 속에서 상승기류를 타고 전성기를 만들어내야 합니다. 일생 동안 살면서 자신의 삶에 전성기가 없다면 그 얼마나 초라하고 쓸쓸하고 외면당한 삶입니까. 자기 스스로 포기하고 단념하지 말고 인생의 꽃을 활짝 피워내야 합니다.

상승기류를 타는 사람은 마음에 여유가 있습니다. 마음이 넉넉합니다. 그러나 아무런 발전도 없이 사는 사람일수록 좁쌀영감같이 살아갑니다. 남보다 열심히 일하고 삶을 즐기며 살아가야 합니다.

뉴욕 중앙 철도회사 사장이었던 프리데릭 윌리엄슨은 사업에 성공하는 비결이 무엇이냐는 질문을 받고 다음과 같이 대답했습니다.

"사람들이 잘 깨닫지 못하는 성공 비결이 있다. 인생의 경험을 쌓으면 쌓을수록 사업에 대해서 열과 성을 다 기울인다는 생활태도를 가져야 한다. 가령 두 사람이 엇비슷한 실력을 가지고 있다면 열심히 일하는 사람에게 성공의 가능성이 더 클 것이다. 땅을 파는 일이나 큰 회사를 경영하는 일이나 일에 열중한다는 것은 자기의 천직을 믿고 그것을 사랑함과 같다. 그것이 아무리 어려운 일이나 아무리 숙련을 요하는 일이더라도 일에 열중하는 사람은 초조해하지 않고 언제나 여유 있는 태도로 일할 수 있게 마련이다. 그런 마음을 가질 수 있는 사람이라면 틀림없이 성공할 수 있을 것이다."

성격이 조급하고 안달하는 사람들은 성공하기가 어렵습니다. 그들은 소극적이고 해보지 않은 일에 대한 두려움을 갖고 있기에 도전을 잘 하지 않습니다. 성공하는 사람들은 마음에 여유가 있습니다. 모든 것을 잘 수용하고 잘 받아들입니다. 그들의 마음은 큰 그릇으로 표현되어도 좋을 것입니다. 삶에 여유를 갖는다는 것은 삶을 단순하게 살아간다는 것입니다. 우리 삶이 쓸데없이 복잡하기 때문에 마음의 여유를 갖지 못하는 것입니다. 상승기류를 타는 사람들은 단순하게 생각합니다. 단순하게 생각하고, 자기가 할 일을 열정적으로 해나갑니다. 복잡한 생각이 일어나는 원인은 마음의 불안 때문입니다. 불안을 이기는 방법은 다음과 같습니다.

**불안을 이기는 방법**

1. 우리 마음은 파도가 일고 폭풍이 불고 있는 호수와도 같다고 생각하라.
2. 너그러운 마음을 갖고 의자 깊숙이 몸을 묻고 생각하라.
3. 초조해질 때는 잠시 동안 지금까지 본 가장 아름답고 황홀한 경치를 상상해보라.
4. 고요와 평화의 문구를 암송해보라.
5. 자신이 살면서 어려울 때마다 은총을 받은 일을 생각하며 감사하라.
6. 내 마음은 언제나 평안하다고 외치며 살라.

꾼이 되려면 쓸데없는 거짓말을 하지 말아야 합니다. 거짓말은 성공을 가로막는 가장 큰 원인입니다. 성공을 하지 못하도록 만드는 거짓말들이 있습니다.

"하고 싶지만 시간이 없어! 인맥이 있어야 뭘 하지! 이 나이에 뭘 할 수 있겠어! 왜 내게는 걱정거리만 생기는 거야! 이런 것도 못 하니 나는 실패자야! 사실 난 용기가 없어! 사람들이 나를 화나게 해! 오랜 습관이라 버리기 어려워! 그건 내가 할 수 있는 일이 아니야! 맨정신으로 살 수 없는 세상이야! 가만히 있으면 중간이나 가지! 나는 원래 이렇게 생겨 먹었어! 상황이 협조를 안 해줘!"

일을 제대로 못 하는 사람들이 늘 불평하고, 원망하고, 시기하고, 질투하고, 모함하고, 시비를 걸고 싸웁니다. 그리고 늘 변명을 하기 위한 거짓말로 자신을 변호하려고 합니다. 그러한 일들은 자신을 더욱 무능한 사람으로 만들 뿐입니다. 수많은 일을 다양하게 한다고 뛰어난 인물은 아닙니다. 비록 단순한 일일지라도 한 가지 일에 자신의 열정과 혼신을 다 쏟아 명장이 된다면, 그 사람이야말로 보람 있는 삶을 살아가는 것입니다. 우리는 살면서 때때로 마음의 여유를 갖고 살아야 합니다.

나폴레온 힐은 "당신의 생각이 바로 당신이다. 당신의

삶을 변화시키려면 사고방식을 바꾸어야 한다. 변화는 언제나 새로운 사고방식에서 시작된다"고 말했습니다.

한 이발소에서 손님이 머리를 깎고 있었습니다. 머리를 다 깎고 나서 이발사가 손님에게 마음에 드는지를 물으려고 거울을 가지고 와서 뒷머리를 비춰 보여주었습니다. "이만하면 만족하십니까?" 손님은 머리 뒷모양을 살펴보더니 이렇게 말했습니다. "머리가 좀 짧군요. 좀 더 길게 해주시죠?" 저절로 웃음이 나오는 이야기입니다. 우리가 조금만 마음의 여유를 가지면 삶의 모습이 달라지는 것을 체험하게 될 것입니다. 상승기류를 타는 사람들은 마음이 넉넉합니다. 자신의 삶에서 성취감을 맛보았기 때문입니다. 성취감을 맛보지 못한 사람들은 늘 조급하고 안달합니다.

지나치게 여러 가지 일에 관여하면 마음의 여유를 갖지 못합니다. "회의에 많이 참석하면 삶에 회의를 느낀다"는 말이 있습니다. 삶을 스스로 복잡하게 만들어 분주하게 살아갈 필요는 없습니다. 분노하거나 서둘러서 힘과 열정을 소비하여 불필요한 곳에 모든 것을 낭비하는 경우가 많습니다. 우리가 상승기류를 타는 삶을 살고자 한다면 노하거나 서두르지 말고 여유를 갖고 차분하게 일을 전진해나가야 합니다. 서두른다는 것은 그만큼 마음이 불안하고 여유가 없다는 것입니다. 마음을 차분하게 하고 여유를 갖게 될 때 열정도 생기고 삶에 활기가 넘칩니다.

어떤 사람이 강연을 하려고 강단에 올라가려는데 한 친구가 이렇게 말했습니다.

"자네의 강연에 대해 한 가지 충고를 한다면 말일세. 강연이 끝나거든 부디 정중하게 인사를 하게나. 그것이 연사로서 바른 예절일세. 강연장에서 나올 때는 발끝으로 살살 걸어 나오게나."

"아니, 이 친구야! 왜 발끝으로 살살 걸어 나와야 되는가?"

"이 사람아! 자네 강연을 듣고 잠든 청중을 깨우지 말아야 할 것이 아닌가?"

강의할 때도 땀 흘리며 최선을 다하면 조는 사람 없이 하나가 되어 강의를 잘 듣습니다. 무슨 일이든지 열과 성을 다하면 하나가 될 수 있습니다. 어떤 분야든지 처음부터 대단한 실력자가 되는 것은 아닙니다. 성공할 때까지 기다림이 필요하고, 노력이 필요하고, 열정이 필요합니다. 성취감이 없는 사람을 보면 얼마나 의욕이 없고 축 늘어져 있습니까? 그런 사람이 되고 싶다면 참으로 어리석은 일입니다.

최고의 연설가들도 연단에 설 때 항상 두려움이 생긴다고 합니다. 그런데 이들에게 공통점이 있습니다. 연설을 앞두고 긴장을 하면 아드레날린이 충만해지고 정신을 더욱 바짝 차리게 되며, 말하고자 하는 바를 더 정확하게 전달하고자 하는 의욕이 생긴다는 것입니다. 긴장을 여유로 바꿀 수 있는 힘이 바로 성공하는 사람들의 특징입니다. 두려운 일을 뒤로 미루면 두려움은 더 커지고, 두려워도 행동하면 두려움은 사라집니다. 우리는 두려워하던 일을 해나감으로써 성공을 만들어야 합니다. 그러면 두려움은 사라지고 마음에 넉넉한 여유가 생기는 것입니다. 노련하다는 것은 수많은 경험과 기술 축적에서 나옵니다. 모든 것이 제 위치를 찾을 때 마음이 안정되고 여유가 생기는 것입니다.

> 찰스 가필드는 "정상에 오른 성공자들은 반드시 이루어야 할 명예에 목숨을 건 사람들이다. 이들은 누가 보아도 일에 푹 빠져 있다는 것을 알 수 있다. 바로 그러한 사명에서 그들의 노력과 에너지와 열정이 솟아난다"고 말했습니다.

영국 런던의 큰 백화점 가운데 하나인 셀프리지와 해러즈 백화점의 설립자인 셀프리지는 자신이 성공할 수 있었던 이유는 자신이 '사장'이 아니라 '지도자'였기 때문이라고 말합니다. 사장은 무엇을 "하라"고 말하지만 지도자는 "우리 합시다!"라고 말합니다. 사장은 일이 어떻게 되어가는지 '알지만' 지도자는 일이 어떻게 되었는지 직접 '보여주며', 사장은 '두렵고 어려운' 대상이지만 지도자는 '존경과 신의'의 대상이며, 사장은 실패에 대한 책임을 '추궁'하지만 지도자는 실패를 '조정'하며, 사장은 "내가"라고 표현하는 반면 지도자는 "우리가"라고 말하기를 좋아합니다.

무슨 일을 하든지 마음을 열고 여유를 갖고 일하는 사람이 더 큰 성과를 이루어냅니다. 그리고 사람들은 그런 사람을 좋아하고 따르게 됩니다. 우리는 우리 삶을 즐겁게 만들어야 합니다. 미래가 없고 꿈이 없고 비전이 없으면 우리 삶은 각박해지고 즐거움이 없어집니다. 여름 가뭄이 들어 바싹 마른 대지처럼 갈급함만 가득하게 될 것입니다. 우리는 우리의 삶을 가치 있게 만들고, 의미 있게 만들고, 새롭게 만들어갈 수 있는 능력이 있다는 것을 알아야 합니다. 최고로 삶을 멋지게 살아가는 방법은 다음과 같습니다.

**최고로 멋진 삶을 살아가는 방법**

1. 자신의 잠재력을 믿어라
2. 꿈을 노력으로 점화시켜라
3. 목표를 가져라

4. 행동을 개시하라

5. 끈기가 있어야 한다

6. 자신감을 가져라

7. 적극적으로 행동하라

8. 용기를 가져라

9. 마음의 여유를 가져라

10. 희망을 품어라

11. 남에게 배려하는 마음을 가져라

12. 계속해서 도전하라

13. 기도하는 마음으로 자기실현을 하라

14. 끊임없는 열정을 가져라

15. 자기 자신을 이기는 것으로 행복하라

16. 건강한 삶을 위해 체력을 단련하라

17. 실패하더라도 결코 좌절하지 마라

18. 현명하게 늙는 법을 배워라

19. 성공은 인생을 멋지게 만든다

우리 마음속에 우리가 바라는 것들을 그려야 합니다. 우리가 가진 잠재의식은 우리 삶을 만들어줍니다. 증오는 마음속의 독한 독입니다. 용서와 사랑은 해독제입니다. 이 해독제를 사용하면 모든 미움은 사라지고 마음의 평화를 얻을 수 있습니다. 미움이나 원망, 질투하는 감정은 우리의 잠재의식에 쉽게 남습니다. 우리는 항상 사랑과 선의의 마음을 가져야 합니다.

> 링컨이 스프링필드로 가야 하는데 타고 갈 마차가 없었습니다. 그러다 때마침 스프링필드로 가는 마차를 만나게 되었습니다. 링컨이 마차 주인에게 이렇게 말했습니다. "실례지만 이 외투를 좀 시내까지 가져다줄 수 있습니까?" "좋습니다만 이 외투를 어떻게 다시 찾으시겠습니까?" 링컨은 서슴지 않고 특유의 웃음을 지으며 말했습니다. "찾는 것은 아무런 염려가 없습니다. 이 외투 안에 제가 들어가면 되니까요."
> 링컨의 이런 재치와 여유가 그를 오랫동안 많은 사람들의 사랑을 받게 만들고 있습니다.

사람들은 누구나 욕심을 부리는 사람보다 나누어 주는 사람을 좋아합니다. 소유욕을 갖는 사람은 홀로는 행복할지 몰라도 주변 사람들은 그 곁을 떠나가버립니다. 우리는 항상 '함께' '우리' '더불어'

'같이'라는 말처럼 서로가 성공하는 삶을 살기 위하여, 서로가 행복한 삶을 살기 위하여 함께 마음을 쏟고 격려하고 위로하며 삶의 길을 행진하여 나아갈 때 가슴 뿌듯하게 살아갈 수 있습니다.

마음의 여유를 가지면 우리는 행복할 수 있습니다. 행복은 우리의 삶에 유익을 줍니다. 마음껏 웃으면 허파가 크게 늘어나면서 몸에 아주 좋은 현상을 일으킵니다. 우리가 행복한 얼굴로 자신의 삶에 대해 인사를 보낼 때마다 삶은 더 즐거워질 것입니다. 로버트 루이스 스티븐슨은 "행복한 사람을 만나는 편이 5파운드짜리 지폐를 줍는 것보다 행복하다"고 말하였습니다. 우리는 즐거운 마음과 행복한 얼굴을 남에게 보여주어야 합니다. 그러나 남에게 주기 위해서는 먼저 스스로가 행복을 가지고 있지 않으면 안 되는 것입니다.

선교사인 윌프레드 그렌펠이 미국의 존스홉킨스 대학에 가서 캐나다의 래브라도에서 일해줄 간호사를 요청한 적이 있습니다. 그는 이렇게 말했습니다. "여러분의 삶에서 최고의 행복을 얻고자 한다면 나와 함께 가서 이 여름 동안 뉴펀들랜드의 고아원을 경영해보지 않겠습니까? 월급은 한 푼도 드리지 못합니다. 사사로운 경비는 모두 각자 부담입니다. 그러나 나는 보증합니다. 여러분은 지금까지 경험한 적이 없는 인생에 대한 사랑을 체험할 것입니다. 그 체험이란 자기 인생의 시간을 그리스도를 섬기는 데 쓰는 일을 말합니다."

남을 위해 일하는 것은 즐거운 마음과 행복한 얼굴을 만들어내는 처방전입니다. 진정한 성공은 소유에만 있지 않습니다. 마음의 행복과 나눔의 행복이 진정한 행복일 것입니다. 삶을 올바르게 살아가는 방법은 다음과 같습니다.

**삶을 올바르게 살아가는 방법**

1. 과거를 돌아보지 마라
2. 세상의 변화에 대응할 수 있는 융통성을 지녀라
3. 고독해지지 마라
4. 오감을 퇴화시키지 마라
5. 나이를 생각하지 말고 살라
6. 인생의 간판을 서둘러 내리려 하지 마라
7. 자기 자신을 기뻐하라
8. 하루하루를 소중하게 살아라

어느 날 괴테의 비서를 지냈던 에커만이 괴테를 찾아와서 물었습니다. "선생님! 선생님은 많은 대작을 쓰셨는데 그 비결이 무엇인지 저에게 알려주십시오." 괴테는 에커만에게 아무 말도 하지 않았습니다. 그때 열린 창문으로 살랑살랑 미풍이 들어와서 머리카락이 흩날리고 있었습니다. 아름다운 꽃들이 만발한 정원에는 젊은 부인과 어린아이가 나비를 따라 뛰어다니고 있었습니다. 괴테는 갑자기 책상으로 다가가더니 원고지에 무언가를 열심히 쓰기 시작했습니다. "괴테 선생님, 무엇을 쓰고 계십니까?" "난 지금 이 아름다운 오월에 꽃들이 만발한 정원에서 나비를 쫓고 있는 부인과 아이야말로 세상에 남길 만한 가장 아름다운 시가 될 거라 생각했네. 그래서 이 느낌을 지금 글로 표현하고 있는 것일세!" 에커만은 자신의 질문에 딴청을 피우는 괴테를 실망스럽게 바라보았습니다. 이를 본 괴테가 에커만에게 말했습니다. "처음부터 대작을 쓰려고 하지 말게. 지금 쓸 수 있는 것을 자연스럽고 생생하게 써보게. 그럼 언젠가 자신도 모르는 사이에 대작이 만들어져 있을 걸세." 그제야 에커만은 괴테에게 감사의 인사를 했습니다.

우리가 꿈을 이루고 성공을 이루고 싶다면 마음의 여유를 갖고 하나씩 이루어가야 합니다. 로마의 철학자 키케로는 인간이 극복해야 할 결점을 6가지로 나누어 설명했습니다.

### 인간이 극복해야 할 결점 6가지

1. 자신의 이익을 위해 남을 누른다
2. 변화와 극복하기 어려운 일에 대해서 걱정만 한다

3. 어떤 일은 도저히 성취할 수 없다고 생각한다

4. 사소한 애착이나 기호를 끊어버리지 못한다

5. 마음의 수양과 자기 계발을 게을리하고 독서와 연구하는 습관을 갖지 않는다

6. 남들에게 자신의 사고방식을 따르도록 강요한다

남에게만 박수 치지 말고 자신도 박수받는 삶을 살아야 합니다. 박수는 긴장을 해소하고, 자신감을 높여주는 힘이 있습니다. 다이어트에 도움이 되고 질병 예방에 치료 효과가 있습니다. 돈도 들지 않고 머리가 좋아집니다.

박수 치는 방법과 그 효과는 다음과 같습니다. 손바닥으로 치면 내장기능이 좋아지고, 주먹끼리 치면 뭉친 어깨 근육이 풀어집니다. 손가락으로 치면 심장기능이 좋아지고 손가락 끝으로 치면 시력이 좋아집니다. 손목으로 치면, 신장, 방광기능이 좋아지고 손등을 치면 허리 근육을 강화시켜줍니다.

우리는 어디서나 꼭 필요한 사람이 되어야 합니다. 미국의 한 잡지에서 사업가들에게 설문서를 보냈습니다. "당신은 어떤 사람을 쓰겠습니까?"라는 질문에 가장 많이 나온 10가지는 다음과 같습니다.

### 사업가들이 고용하고 싶은 사람

1. 말이 약속어음의 대용이 되는 사람
2. 의지가 돌처럼 굳고 잘 흔들리지 않는 사람
3. 어떤 일에도 자신의 일정한 의견을 가진 사람
4. 작은 일도 큰 일처럼 전력을 다하는 사람
5. 자신만을 위한 야심이 아니고 사회와 인류를 위해 큰 포부를 가진 사람
6. 자신에게 주어진 기회를 민첩하게 잡는 사람
7. 용기와 결단력이 있는 사람
8. 많은 사람 가운데서도 자신의 개성을 잃지 않는 사람
9. 아무리 천한 일이라도 고통을 느끼지 않는 사람
10. 실패하여도 실망하거나 낙담하지 않는 사람

콘라드 힐튼은 힐튼호텔을 세운 사람입니다. 콘라드 힐튼에게 성공의 비결을 물었을 때 그는 5달러짜리 평범한 쇠막대기를 들고 이렇게 대답을 했습니다. "이 볼품없는 쇠막대기는 그대로 두면 아무 쓸모없는 싸구려 막대기이지만 이것을 불에 달구었다가 담금질을 하고 두들겨서 말발굽을 만들면 10달러 50센트를 벌 수 있고, 더 세밀하게 가공해서 바늘을 만들면 3,250달러를 벌 수 있으며, 용수철

을 만들어 팔면 250만 달러를 벌 수 있다."

앤서니 라빈스는 《네 안에 잠든 거인을 깨워라》에서 "여러분은 어떻게 하면 자신을 기분 좋게 만들 수 있는지 알고 있는가? 어떻게든 한순간에 자신을 즐겁게 만들 수 있는 구체적인 방법을 가지고 있는가? 아마 몇 개쯤은 가지고 있을 것이다. 실행하면 즉시 즐거워지는 방법을 최소한 15개 이상 적어라. 가장 이상적인 숫자는 25개 이상이다. 계속 연습하면 앞으로 100개 이상 늘릴 수 있다"라고 말하고 있습니다.

꾀란 무엇입니까? 잔꾀를 말하는 것이 아니라 지혜를 가지라는 것입니다. 지식, 재능 등과 같은 지적인 능력을 말합니다. 잔꾀를 부려서 성공한 사람은 단 한 사람도 없습니다! 엉뚱한 수작이나 권모술수가 아니라 지혜롭고 당당하게 해야 합니다. 재능을 잘 발휘하면 소통은 더 잘 이루어집니다. 꾀는 지혜롭다는 것을 말합니다. 꾀는 어리석게 행동하지 않고 조화롭게 움직인다는 것입니다. 잔꾀를 부리면 망합니다. 잔꾀는 꼭 탈이 나게 됩니다. 지혜를 총동원해서 꾀를 부려야 합니다.

미국의 제독이었던 찰스 스튜어드가 결혼한 지 얼마 안 되어 일어난 일입니다. 때마침 미국과 영국 사이에 전쟁이 일어나 출정하게 되었습니다. 아내를 남기고 전쟁터로 가게 된 제독은 아내에게 물었습니다. "돌아올 때 무슨 선물을 가져오는 것이 좋겠소?" 제독의 아내는 대답했습니다. "영국 군함 한 척을 가지고 돌아오세요!" 제독은 한 척이 아니라 두 척을 가지고 돌아오겠다고 대답했습니다. 그가 돌아올 때는 두 척의 영국 배를 포획하여 돌아왔습니다. 남북전쟁이 일어났을 때 그의 나이가 83세였는데, 그는 이런 말을 했습니다. "나는 아직도 힘이 왕성하다."

미국의 유명한 기업가 폴 마이어가 젊었을 때의 일입니다. 그는 대학을 중퇴하고 세일즈맨이 되었는데, 늘 장사에 실패했습니다. 그래서 사업에 성공한 사람들을 찾아다니며 어떻게 성공했는지 그 비결을 알아보려고 일일이 면담을 했습니다. 그는 면담 결과 성공의 요소들 중에는 몇 가지 공통점이 있음을 발견했습니다. 성공하는 사람은 모두 열심을 지닌 사람들이었습니다. 비록 자기의 뜻과 적성에 맞지 않는 직책이라도 묵묵히 최선을 다해 수행하는 사람은 그것으로 인하여 성공의 문을 여는 사람들입니다. 강하고 뚜렷한 목표를 가진 사람이 성공합니다. 불타는 꿈과 소원을 가진 사람은 놀라운 힘이 뒷받침되어 목적을 이루고야 마는 것입니다.

그중에서도 친절은 매우 중요한 습관입니다. 누구를 대하든지 교만해 보여서는 안 되며 냉소적으로 대해서도 안 됩니다. 밝고 따스한 얼굴 표정과 친절한 습관은 사람들에게 호감을 주며 친구를 얻게 합니다. 좋은 사람을 얻을 수 있을 때 그는 성공을 하게 됩니다. 열심과 뚜렷한 목표와 훌륭한 습관은 성공을 만들어놓습니다.

《단 하루만 더》에서 미치 앨봄은 "자기 자신을 소중히 생각하고 내가 먼저 나를 돌보지 않는 이상 아무도 나와 함께해줄 사람은 없다"고 말합니다.

친밀감이란 서로 가깝고 연관이 있고 서로 맺어졌다고 느끼는 상태를 말하며, 흔히 사랑할 때 느끼는 따스한 감정입니다. 친밀감의 대표적인 징표는 다음과 같습니다.

1. 사랑하는 사람의 행복을 증진시키고자 하는 욕망
2. 사랑하는 사람과 함께 있을 때 행복을 느끼는 것
3. 사랑하는 사람에 대해 존중하는 마음
4. 어려울 때 사랑하는 사람에게 의지할 수 있는 것
5. 사랑하는 사람을 이해하는 마음

만능은 없습니다. 한 가지라도 전문가가 되어야 성공합니다. 끼가 있는 사람은 삶을 즐깁니다! 잔잔한 행복을 누릴 수 있을 때 더 열심히 인생을 살 수 있습니다. 집에서 라면 끓일 때 계란을 깨서 넣었더니 노른자가 두 개일 때 잔잔한 웃음이 떠오릅니다. 휴대폰이 꺼지고 동전도 없어 공중전화 박스에 들어갔더니 누군가 전화를 걸고 동전을 남겨두고 갔을 때 잔잔한 웃음이 피어오릅니다. 물건을 살 때 덤을 하나 더 얻으면 기분이 좋아집니다.

조지 워싱턴은 "나는 아름다운 여자와 결혼할 것이다. 나는 미국에서 가장 큰 부자가 될 것이다. 나는 미국을 독립시키고 대통령이 될 것이다. 나는 열두 살부터 이 목표를 글로 적으며 하루도 꿈을 잊은 적이 없다. 그리고 마침내 꿈을 이루었다"고 말했습니다.

1930년대 미국 서부에서는 황금을 캐려고 많은 사람들이 전국에서 모여들었습니다. 리바이스 스트라우스는 금광 부근에서 천막을 만들고 있었습니다. 그러던 어느 날 10달러 분의 천막 주문이 들어왔습니다. 스트라우스는 너무나 기뻐서 빚을 내어 공장을 짓고 직공도 불러 모았습니다. 그런데 천막 천을 다 완성하자 충격적인 소식이 들려왔습니다. 납품을 할 수 없게 되었던 것입니다. 그는 빚 독촉을 받게 되었고, 직공들에게 봉급을 줄 수 없게 되었습니다. 그러던 어느 날 스트라우스는 카페에서 금을 캐던 사람들이 해진 바지를 꿰매는 모습을 보게 되었습니다. 스트라우스는 갑자기 좋은 아이디어가 떠올랐습니다. 질긴 천으로 바지를 만들어 입으면 튼튼해서 오래 입을 수 있겠다는 생각이었습니다. 그는 용기를 내어 청바지를 만들었고 절망을 이겨내고 큰 성공을 거두게 되었습니다.

### 왜 그리도 아파하며 살아가는지

이 수많은 사람들이
어디로 가자는 것이냐
하루하루를 살아가며
넓은 세상에
작은 날을 사는 것인데
왜 그리도 아파하며 살아가는지

저마다의 얼굴이 다르듯이
저마다의 삶이 있으나
죽음 앞에서 허둥대며 살다가
옷조차 입혀주어야 떠나는데
왜 그리도 아파하며 살아가는지

사람들이 슬프다
저 잘난 듯 뽐내어도
자신을 보노라면
괴로운 표정을 짓고
하늘도 땅도 없는 듯 소리치며

같은 만남인데도
한동안은 사랑하고
한동안은 미워하며
왜 그리도 아파하며 살아가는지

# 인간관계의 끈을 잘 묶고 풀어라

## 7

당신만 느끼지 못하고 있을 뿐
당신은 매우 특별한 사람이다.
―데스몬드 투투―

　　　　　　　　　　　상승기류를 타려면 인맥이 중요합니다. 인간관계의 끈을 묶고 풀 줄 알아야 하는 것처럼 인맥을 잘 활용할 줄 아는 사람이 되어야 합니다. 지연, 학연, 혈연 모두가 중요합니다. 어떤 인연도 무시할 수가 없습니다. 대인관계와 인맥은 어떤 관계에서도 무시할 수 없습니다. 끈을 잘 묶고 풀어야 인생도 잘 풀립니다. 인생에 필요한 끈은 다섯 가지입니다.

　첫째, 일처리를 '매끈'하게 해야 합니다. 둘째, 화를 내야 할 때는 '발끈'하며 화를 낼 줄도 알아야 합니다. 셋째, 매사에 열정을 쏟아 '화끈'하게 살아야 합니다. 넷째, 정신을 '질끈' 동여맬 줄 알아야 합니다. 다섯째, 마음이 항상 '따끈'해야 합니다.

　삶의 끈을 잘 풀고 매면 삶에 질서가 생기고 능력이 나타납니다. 그러나 끈이 엉키면 무질서가 나타나고 나약해집니다. 삶이 뒤죽박죽이 되고 맙니다. 바바라 햄필이 이렇게 말했습니다. "무질서는 결정을 뒤로 미루기 때문에 생겨난다!" 자신이 하는 일을 즐거워하고 몰입하고 집중해야 합니다. 자신의 모든 에너지, 열정, 사랑, 시간을 다 쏟아부어야 합니다. 자신이 하고자 하는 일에 1만 시간만 투자하면 성공한다는 말이 있습니다. 최선을 다하는 사람이 삶을 멋지게 삽니다. 언젠가 광고에 "나는 나를 뛰어넘었다!"라는 문구가 있었습니다. 자신을 뛰어넘는 사람이 인생의 상승기류를 멋지게 타서 성공적인 삶을 살 수 있습니다. 자신감을 갖고 도전을 멈추지 말아야 합니다. 살아 있는 것은 다 움직이고 자라납니다.

누군가 내 마음을 알아주고 읽어준다면 우리는 참 행복한 삶을 살아가는 것입니다. 우리도 다른 사람의 마음을 따뜻하게 읽어줄 수 있다면 행복할 것입니다.

> 아우렐리우스가 이런 말을 했습니다. "다른 사람의 속마음으로 들어가라. 그리고 다른 사람으로 하여금 당신의 속마음으로 들어오도록 하라."

우리가 먼저 관심을 가질 때 다른 사람에게 관심을 받을 수가 있습니다. 그러한 마음은 긍정적인 마음에서 시작됩니다. 항상 긍정적인 마음을 갖고 살아가기란 그리 쉽지가 않습니다. 어느 순간 의기

소침해지고 세상살이에 자신이 없어질 때가 있습니다. 그럴 때는 우울함에 빠지게 되고 의욕이 사라지고 짜증이 나게 됩니다. 그럴 때는 마음속 깊은 곳에서부터 긍정의 힘을 끄집어내야 합니다. 긍정적인 마음은 따뜻한 온기를 만들어냅니다. 그래서 따뜻한 마음을 가진 사람들 중에 긍정적인 사람이 많습니다.

막심 고리키가 이렇게 말했습니다. "일이 즐거워지면 낙원이지만 일이 의무에 불과하면 인생은 지옥이다." 우리가 일할 때 복잡한 생각이 정신을 지배하는 이유는 마음이 불안하기 때문입니다. 성취감을 느끼지 못한 사람들이 늘 조급하고 초조해합니다. 중요하지 않은 일에 분노하거나 서둘러서 자신의 능력을 낭비하는 일이 많습니다. 분노하거나 서두르지 말고 마음을 읽어내며 차분히 한다면 더 많은 일들을 해낼 수 있습니다. 마음이 차분하고 편안해질 때 삶에는 활력이 넘치게 됩니다.

우리는 살아가는 동안 다양한 사람들과 만나서 관계를 유지해갑니다. 그런 관계 속에서 평생 친구를 만나기도 하고 서로 상처를 주고받는 일이 있을 때도 있습니다. 우리가 서로의 마음을 읽어주고 친밀하고 독특한 관계를 유지하기 위해서는 시간을 들여야 합니다. 사랑하고 이해하는 마음이 없으면 상대방의 마음을 읽거나 사로잡을 수 없습니다.

> 데이비드 슈워츠가 이렇게 말했습니다. "성공하는 사람은 그 마음속에 성공의 생각이 입력되어 있는 것이며, 비참하게 사는 사람은 그 마음속에 불행, 평범함, 따분함, 가난한 생각들이 입력되어 있는 것이다."

미국의 시인 롱펠로는 하버드 대학에서 근대어를 가르치며 낭만적인 사랑의 시를 써서 대중적인 사랑을 받았습니다. 세월이 흘러 롱펠로의 머리카락도 하얗게 세었지만 안색이나 피부는 청년처럼 싱그러웠습니다.

하루는 친구가 나이보다 젊어 보이는 롱펠로에게 물었습니다. "여보게, 친구! 오랜만이군. 그런데 자네는 여전히 젊군 그래. 자네가 이렇게 젊어 보이는 비결은 무엇인가?" 이 말을 들은 롱펠로는 정원에 있는 커다란 나무 쪽으로 시선을 옮기며 말했습니다. "저 나무를 보게나. 이제는 늙은 나무지. 그러나 저렇게 꽃도 피우고 열매도 맺는다네. 그것이 가능한 것은 저 나무가 매일 조금이라도 성장하고 있기 때문이야. 나도 그렇다네. 나이가 들었어도 매일매일 성장한다는 마음가짐으로 살아가고 있다네." 우리도 날마다 성장한다면 마음도 넓어져서 주변 사람들의 마음을 편하게 해줄 수 있습니다.

스탕달이 말했습니다. "마음을 정결하게 하여 모든 증오의 감정을 멀리하면 젊음을 오래 보존할 수 있다."

현대인들의 특징이 '무관심, 무목적, 무의식, 무감동'이라고들 하지만, 세상은 언제나 서로의 마음을 읽어주는 사람들이 있어 평화가 존재하고 사랑하며 살아갈 수 있는 힘이 생깁니다. 우리의 마음을 잘 읽어내려면 다른 사람의 마음도 읽어주어야 합니다.

윌킨슨이 이렇게 말했습니다. "당신의 마음속으로 들어가서 당신이 무엇인지 그리고 무엇이 될 것인지 읽어보라."

헤르만 헤세는 이렇게 말했습니다. "마음속에는 언제라도 숨을 수 있고 본래의 자기 모습을 되찾을 수 있는 안식처와 평화가 있다."

우리는 날마다 자신과 가족과 주변 사람을 잘 읽어줌으로써 행복하게 살아야 합니다.

대인관계를 맺기 위해 사람을 만날 때 악수를 하게 됩니다. 악수에는 여러 가지 의미가 있습니다. 손에 힘을 많이 주는 악수는 '자신감'을 나타냅니다. 힘을 적게 주는 악수는 '나약함'을 말합니다. 한 손으로 잡는 악수는 '강한 자'라는 것을 표현하고 싶은 것입니다. 두 손으로 잡는 악수는 '약한 자'임을 보여줍니다. 악수하며 상대방의 눈을 보는 것은 '진솔함'을 보여줍니다. 악수하며 다른 사람을 보는 것은 '무례함'을 뜻합니다. 상대방에게 자신의 손바닥까지 다 주는 것은 '따뜻함'을 나타냅니다. 상대방에게 손가락 부분만 주는 것은 '차가움'을 나타냅니다.

  화를 내는 것은 대인관계를 포기하겠다는 증표입니다. 자신의 마음에 도사리고 있는 만성적 화는 모든 일마다 부글거리게 하는 성질의 거품입니다. 그것은 방심하는 사이에 자기도 모르게 터져 나와 나락으로 떨어지게 만드는, 인간의 마음 가장 깊숙한 곳에 숨겨진 아주 못된 성격의 부산물입니다. 화를 낸다는 것은 인내 부족, 친절 부족, 관용 부족, 예의 부족, 배려 부족 등 모든 것들이 순차적으로 한꺼번에 화로 바뀌어 나타나는 것입니다. 화를 버려야 사람들과의 관계를 친밀하게 할 수 있습니다. 너무나 많은 사람들이 언쟁이나 오해로 고통스러운 일들을 만들어냅니다. 작은 분노 탓에 행복과 사랑을 잃고 자신이 하던 일을 그르치게 됩니다. 어려운 일이 있을 때 상대방이 손을 내밀거나 찾아오기만 기다리지 말고 스스로 찾아가서 손을 내

밀어야 일이 쉽게 처리되는 것입니다. 우리는 사소한 것에 연연할 시간이 없습니다. 우리가 화를 냄으로 인해 사소한 것을 큰일로 만들어 더 큰 불행을 자초할 때가 있습니다. 우리 삶에 웃음과 기쁨과 환희를 초대해야지 결코 불행을 초대해서는 안 될 것입니다.

사람들에게 함부로 욕을 하지 않는 것도 자제심의 증표입니다. 욕설은 어떤 사람에게도 도움이 되지 않습니다. 욕을 잘해서 부자가 되거나, 행복해지거나, 현명해진 사람은 없습니다. 욕설은 사회에서 추방되어야 합니다. 욕을 하면 마음이 거칠어지고 성질이 사나워집니다. 욕은 품위 있는 사람들에게는 매스꺼운 것이고, 착한 사람들에게는 혐오스러운 것입니다. 대인관계에서 가장 나쁜 고질병은 폭로하는 것입니다. 사랑은 모든 끈을 잘 묶어놓고 잘 풀리게 합니다. 나부터 잘 풀어야 모든 끈이 잘 풀어집니다. 우리 모두가 연극 무대에 같이 서 있는 것처럼 함께 외쳐야 합니다!

"사랑한다! 사랑한다! 너의 모든 것을 다 사랑한다!"

진정한 사랑은 과식하는 법이 없습니다. 그러나 욕정은 마침내 과식하여 죽고 맙니다. 사랑은 진실이 넘쳐나고 욕정은 허망에 가득 차 있습니다. 몸이 고독한 사람은 바람을 피우고, 마음이 고독한 사람은 인생을 작품으로 만듭니다.

맥스 디프리는 "지금 상태 그대로 있어서는 우리가 꼭 되려고 하는 사람이 될 수가 없다"고 말했습니다.

인생을 매끈하게 살아야 합니다. 가족 사랑부터 매끈하게 해야 합니다. 강의 중 청중들에게 "당신이 있어 행복합니다!"라는 휴대폰 문자를 배우자에게 보내고 답장이 오면 일어서서 읽어보라고 요청했습니다. 뜻밖에 의외의 답들이 돌아왔습니다. "당신 바람 피우는 거 아니야?" "당신은 그렇지만 나는 아니야!" "당신 오늘 미쳤어?"

사랑도 연습하고 복습해야 합니다. 그래야 다정다감하게 살 수 있습니다. 사랑은 벽을 허물고 미움은 없던 벽도 만들어놓습니다. 만났을 때 좋고, 함께할 때 더욱 좋고, 떠난 후에도 뒷모습조차 아름답게 살아야 합니다. 서로 배려하고 관심을 가져야 삶을 매끈하게 살 수 있습니다.

친절에서 피어나는 꽃은 웃음입니다. 티 없이 맑고 환한 웃음은 타인을 행복하게 해주고 자신도 행복하게 만들어줍니다. 친절한 사람의 모습에는 언제나 웃음꽃이 피어납니다. 그러므로 친절은 얼굴 모습에서 나타난다고 할 수 있습니다. 친절한 사람인지 아닌지는 얼굴에 나타납니다. 인상을 찌푸리고 퉁명스러운 사람은 친절하지 못합니다. 얼굴에 웃음이 있고 밝은 표정인 사람은 역시 친절합니다.

어떤 남자가 사업에 실패하고 낙심하여 자살을 결심하고 차를 몰고 나갔다고 합니다. 그런데 딴생각을 하는 바람에 그만 가벼운 접촉사고를 내고 말았습니다. 서로의 차에는 별 이상이 없었습니다. 상대방은 여성이었습니다. 그 여성은 차에 이상이 없자 웃으며 손을 흔들고는 다시 차를 몰고 갔습니다. 자살하려는 마음을 먹었던 이 남자는 그 여성의 웃음을 보고는 자살을 포기하고 돌아와 새롭게 삶을 살기 시작했다는 것입니다. 웃음 속에 나타난 친절이 때로는 다른 사람의 삶을 전혀 다른 방향으로 바꾸어놓는 것입니다.

언제나 얼굴에 웃음을 띠울 수 있는 여유가 있는 사람은 삶도 성공적으로 만들어갑니다. 친절을 나타내기 위해서는 먼저 마음속에 행복이 있어야 합니다. 사람을 판단할 때 가장 중요한 것은 그 사람의 얼굴에 나타나는 빛깔과 느낌입니다. 얼굴이 밝게 빛나고 웃음이 가득한 사람은 성공할 수 있습니다. 얼굴이 어둡고 늘 찡그리는 사람은 쉽게 좌절합니다. 마음이 밝으면 얼굴도 밝습니다. 이는 행복한 삶을 살고 있다는 증거입니다.

친절은 웃음, 곧 미소에서 이루어집니다. 어떤 책에 이런 이야기가 쓰여 있었습니다. "미소는 아무런 대가를 치르지 않고도 많은 것을 이루어낸다. 미소는 받는 사람의 마음을 풍족하게 만든다. 또한 주는 사람의 마음도 풍족하게 만든다. 미소는 순간적으로 일어나지만 미소에 대한 기억은 영원히 지속된다. 미소 없이 살아가야 할 만큼 가난한 사람은 없다. 미소는 가정의 행복을 유발하고 사업에서 호의를 베풀게 하고 지인들과 우정의 표시로 나타나기도 한다. 미소는 지친 이에게는 태양이며 모든 문제를 해결하는 묘약이다. 그러나 미소는 살 수도 없고 구걸할 수도, 빌리거나 훔칠 수도 없다. 왜냐하면 미소는 누군가에게 주기 전에는 아무 쓸모가 없기 때문이다."

조지프 에디슨이 "눈부신 햇살이 꽃을 활짝 피우듯이 환한 미소가 우리 마음을 따뜻하게 만든다"고 말했습니다.

한 왕자가 있었습니다. 그는 세상에서 제일 아름다운 손을 가진 처녀와 결혼하겠다고 늘상 말을 하고 다녔습니다. 신하들은 자기 딸을 왕자와 결혼시키기 위해 딸의 손을 곱게 하려고 온갖 수단과 방법을 다 동원했습니다. 어느 날이었습니다. 한 아름다운 소녀가 아파서 어쩔 줄 모르고 있는 불쌍한 말을 보았습니다. 말은 살려달라고 소리를 치며 소녀에게 도움을 청하는 것만 같았습니다. 소녀는 흠 없고 보드라운 자기의 손을 보았습니다. 고운 마음을 가진 소녀는 자기 손만 생각하지 않고 발버둥치는 말을 살펴본 다음 발에서 가시를 빼주었습니다. 소녀의 손은 그만 피투성이가 되고 상처가 여기저기 생기고 말았습니다. 왕자는 이야기를 전해 듣고는 이 소녀와 결혼했습니다. 희생과 사랑이 가득한 친절한 여성의 손이 제일 아름다운 손이었기 때문입니다.

  어떤 사람은 백화점에 갈 때 꼭 아침 오픈 시간에 간다고 합니다. 밝고 환한 모습으로 인사하는 백화점 직원들을 보며 쇼핑하면 한결 행복하다는 것입니다. 가정에서도, 직장에서도, 친구들 사이에서도 마찬가지입니다. 친절하고 웃음이 있는 사람들이 인기도 좋고 함께 하고 싶은 사람들입니다. 친절에서 항상 피어나는 웃음이라는 꽃 때문입니다. 웃음과 행복은 전염성이 있습니다. 내가 다른 사람에게 친절하게 대하고 웃음을 띠우면 그 사람도 다른 사람에게 그 행복을 전염시키는 것입니다.

  친절은 우리에게 꼭 필요한 삶의 모습입니다. 친절하지 않은 사람들은 대부분 매사가 부정적이고 비난을 일삼고 거칠고 비관적으로 살아가는 사람들이 많습니다. 그러나 친절한 사람은 성격이 부드럽고 모든 일에 긍정적이고 꿈이 있습니다. 같은 삶을 살면서도 밝게 살아가는 사람이 있고 어둡게 살아가는 사람이 있습니다. 그것은 바로 친절과 웃음에서 비롯되는 것임을 알 수 있습니다.

  살아가면서 친절한 사람을 만나면 기분이 좋아집니다. 그렇기 때문에 우리가 스스로 친절한 사람이 되어야 합니다. 그러면 가정도,

사회도 더 밝아지고, 범죄도 그만큼 사라지고 서로 신뢰하는 삶을 살아가게 될 것입니다. 여행할 때도 가이드가 친절하면 여행이 더 즐겁고 여운도 남게 됩니다. 우리 삶도 여행입니다. 남에게 친절을 요구하기 전에 나부터 친절해진다면 다른 이들도 우리를 친절하게 대해줄 것입니다. 친절한 사람은 웃음과 유머가 있고 마음에 여유가 있습니다. 유머는 삶을 부드럽게 할 뿐 아니라 사람과 사람 사이의 간격을 좁혀주기 때문입니다. 웃음과 유머는 인간이 가진 최고의 처방약이라고 합니다. 웃음은 자신뿐만 아니라 주변을 변화시킵니다.

임어당은 이렇게 말했습니다. "유머의 중요성을 잊어서는 안 된다. 유머는 우리 문화생활의 내용과 성질을 바꾼다. 현대인은 매사를 너무 심각하게 생각한다."

친절한 사람은 남 칭찬하기를 아끼지 않습니다. 남을 칭찬해주면 자신의 마음도 편안해집니다. 친절과 칭찬은 대인관계를 부드럽게 해줍니다. 칭찬을 받는 사람은 자신을 칭찬한 사람을 역시 칭찬하고 친절하게 대하는 법입니다. 우리가 행한 모든 것들은 그대로 우리에게 되돌아옵니다. 우리는 남을 칭찬할 때도 다섯 가지 방법으로 칭찬하면 좋습니다. 첫째, 눈에 보이는 것부터 칭찬합니다. 둘째, 잘한 부분부터 칭찬합니다. 셋째, 비교하면서 칭찬합니다. 넷째, 거듭 칭찬합니다. 다섯째, 부수적인 것까지 칭찬합니다.

친절과 칭찬을 받은 사람은 자기의 능력 이상을 발휘하게 됩니다. 그리고 친절과 칭찬을 아끼지 않은 사람도 역시 엔도르핀이 돌고 자신의 삶에 자신감과 확신이 서게 됩니다. 우리는 시시하게 살아서는 안 됩니다. 남에게 여유롭게 대하면 자신의 삶에도 여유가 생깁니다.

> 찰스 카필드는 "정상에 오른 성공자들은 반드시 이루어야 할 사명에 목숨을 건 사람들이다. 이들은 누가 보아도 일에 푹 빠져 있다는 것을 알 수 있다. 바로 그러한 사명에서 그들의 노력과 에너지와 열정이 솟아난다"고 말했습니다.

길을 가르쳐달라고 할 때에도 친절하지 않은 사람은 퉁명스럽게 말합니다. "쭉 가서 쭉 가면 나옵니다." 무슨 소리인지 알 수가 없습니다. 그러나 친절한 사람은 웃음을 띠며 자세하게 찾아가기 쉽게 설명해줍니다. 우리의 삶도 길을 가는 것과 같습니다. 때로는 길을 몰라 물어야 할 때도 있습니다. 그때를 위해서라도 순간순간 만나는 이들에게 친절하게 대해야겠습니다. 그래야만 사람들의 얼굴이 지금보다는 더 밝아지고 웃음이 있는 삶을 살아갈 것입니다.

우리는 인생이라는 여행길에서 수많은 사람들과 만나고 헤어지며 살아갑니다. 기억에 남고 그리워지고 만나고 싶어지는 사람들은 누구입니까? 역시 친절하고 웃음과 여유가 있는 사람들입니다. 우리가 바로 그러한 사람이 되어야 합니다. 우리 모두 친절해야 합니다. 우리 모두 웃음과 유머와 칭찬으로 함께하는 친절한 사람이 되어야 합니다.

어떤 남자가 사업에 실패를 했습니다. 도저히 살아갈 방법을 찾을 수 없어 자살하려고 아파트 베란다에서 담배를 피우고 있었습니다. 늘 냉정하게 대하고 싸늘한 눈빛으로 쳐다보던 아내가 그날따라 아파트에 들어오면서 남편에게 소리쳤습니다. "여보! 나예요! 사랑해요!" 이 말은 들은 남편은 그대로 뛰어가서 아내를 안아주고 다시 재기해서 성공했습니다. 힘들고 어려울 때 사랑의 말 한마디, 격려와 배려의 말 한마디가 때로는 생명까지 살려내는 것입니다.

어떠한 경우에도 사랑하는 사람을 외롭게 만들지 말아야 합니다. 어떤 남자가 돈을 정말 많이 벌었습니다. 그런데 아내가 암에 걸렸습니다. '이게 웬 날벼락인가?' 하는 생각이 들었습니다. 남편은 수술실로 들어가는 아내를 보고 울며 소리쳤습니다. "여보! 살아야 돼!" 이 말을 들은 아내가 "당신은 돈은 많이 벌었지만 나를 너무 외롭게 했어요!"라고 말했습니다.

벤자민 프랭클린은 "열정이 당신을 휘몰아칠 때 거기에 몸을 맡겨라"라고 말했습니다. 사랑과 열정이 있는 사람이 삶을 매끈하게 삽니다. 열정의 불길 속에 비전이라는 마음의 장작을 던져서 활활 태워야 합니다. 꿈을 가지면 에너지가 넘칩니다. 집중하면 에너지가 넘칩니다. 행동하면 에너지가 넘칩니다. 우리의 가슴속에 있는 열정이라는 장작에 불을 지펴야 합니다.

한 성공한 기업가가 성공 요인에 대한 질문에 멋지게 대답했습니다. "성공을 어떻게 했습니까?" "잘된 결정 때문에 성공했습니다." "어떻게 잘된 결정을 했습니까?" "경험을 통해서 결정했습니다." "경험은 어떻게 얻었습니까?" "실패를 통해서 얻었습니다."

> 톨스토이는 "이 세상에서 가장 중요한 때는 바로 지금이고, 가장 중요한 사람은 지금 당신과 함께 있는 사람이고, 가장 중요한 일은 지금 당신 곁에 있는 사람을 위해 좋은 일을 하는 것이다. 그것이 우리가 이 땅에 살고 있는 이유다"라고 말했습니다.

누군가의 기억 창고에 항상 아름답게 남도록 매끈하게 살아야 합니다. 사랑이 식어서 마음이 비쩍 마르게 살지 말고 마음에 살이 통통 쪄서 누구나 행복하게 만들어주며 살아야 합니다.

화가 중에 밀레를 모르는 사람은 없을 것입니다. 그러나 밀레도 젊었을 때는 이름 없는 화가였기 때문에 몹시 가난한 생활을 참고 견디면서 그림 그리기에 몰두했습니다. 그가 전혀 알려지지 않은 무명이라 그의 그림을 사주는 사람도 없었습니다.

그러던 어느 날 당시 화단에서 이름을 날리던 친구인 루소가 반가운 소식을 전해주러 왔습니다. "이보게, 친구! 밀레! 자네 그림을 사겠다는 사람이 나타났네. 그런데 그 사람이 일이 바빠서 나에게 대신 구매해달라고 했네!" 친구 루소는 작업실에 여기저기 걸려 있는 그림 중에서 〈접목하는 농부〉라는 그림을 선택했습니다. 밀레는 무명인 자신의 그림을 사고자 하는 사람이 있다는 사실에 어안이 벙벙했습니다. 더군다나 그림 값으로 많은 돈을 주었기 때문입니다. 그 돈은 밀레에게 사막의 오아시스와도 같았습니다. 덕분에 밀레는 가난을 잊고 그림에만 몰두할 수 있었습니다. 그리고 머지않아 밀레는 화단으로부터 인정을 받게 되었습니다.

몇 년 후 밀레는 루소의 집을 찾을 기회가 있었습니다. 그는 그림이 걸려 있는 벽면을 바라보다가 어떤 그림에 시선을 멈추고 꼼짝할 수 없었습니다. 그 그림은 루소를 통해서 팔려 나간 〈접목하는 농부〉였습니다. 그 그림은 친구 루소가 밀레를 위하여 구입하였던 것입니다. 밀레의 친구 루소는 밀레에게 "나도 할 수 있다!"는 확신을 심어

주었습니다. 밀레의 친구 루소는 참다운 우정과 자신감을 가진 멋진 사람입니다.

> 징역이란?
> 보고 싶은 사람을 볼 수 없고,
> 보기 싫은 사람을 날마다 보고 사는 것이다.

　발끈하게 살아야 합니다. 끈은 당길 때 당기고, 풀어줄 때 풀어주어야 합니다. 자신에게는 주먹을 쥐고 타인에게는 손을 펴서 받아들여야 합니다. 사람이 화를 낼 때는 분명하게 내야 합니다. 때로는 자신에게도 분명하게 화를 내야 합니다! 화를 막 내는 것은 발끈하는 것이 아니라 성질을 부리는 것입니다. 발끈한다는 것은 때로는 용기를 내라는 것입니다.

　불평은 자신의 불만을 표현하는 것입니다. 불평은 아무것도 만들지 못합니다. 불평은 우리가 원하지 않는 것에 초점을 맞춰놓은 것입니다. 러시아 속담에 "전 세계를 깨끗하게 만들고 싶다면 당신 집 앞부터 쓸어라"라는 말이 있습니다. 불평을 그만두는 순간 행복이 시작됩니다.

## 내 마음을 읽어주는 사람

오래전부터 나를 아는 듯이
내 마음을 활짝 열어본 듯이
내 마음을 읽어주는 사람

눈빛으로 마음으로
상처 깊은 고통도 다 알아주기에
마음 놓고 기대고 싶다

쓸쓸한 날이면 저녁에 만나
한 잔의 커피를 함께 마시면
모든 시름이 사라져버리고
어느 사이에 웃음이 가득해진다

늘 고립되고
외로움에 젖다가도

만나서 밤늦도록 이야기를 나누면
시간 가는 줄 모르고 즐겁다

어느 순간엔 나보다 날
더 잘 알고 있다고 여겨져
내 마음을 풀어놓고 만다

내 마음을 다 쏟고 쏟아놓아도
하나도 남김없이 다 들어주기에
나의 피곤한 삶을 기대고 싶다

삶의 고통이 가득한 날도
항상 사랑으로 덮어주기에
내 마음이 참 편하다

　미국의 영화배우 브래드 피트는 미주리 대학 졸업을 2주 앞두고 학교를 떠났습니다. 연기가 하고 싶었기 때문입니다. 로스앤젤레스에 도착한 그는 안 해본 일이 없을 정도로 많은 직업을 가졌습니다. 패스트푸드점 앞에서 닭 캐릭터 복장을 입고 서 있기도 했고, 식당 선전을 위한 샌드위치 맨, 개인 운전 등도 마다하지 않았습니다. 그는 연기 학원비를 마련해야 했습니다. 그래도 그는 목표가 있었기 때문에 어떤 일을 해도 즐겁게 했습니다. 그렇게 고생한 끝에 〈달라스〉라는 드라마에 잠깐 출연하였고, 단편영화 몇 편을 찍게 되었습니다. 그리고 리들리 스콧 감독의 〈델마와 루이스〉와 로버트 레드포드 감독의 〈흐르는 강물처럼〉을 거치면서 인기를 얻기 시작했고, 〈가을의 전설〉을 통해 최고의 영화배우로 대우받게 되었습니다.

> 윌리엄 포크너는 "항상 당신의 능력보다 한 단계 높여서 목표를 세워라. 당신이 동료나 선배들보다 우수한지 그렇지 않은지는 개의치 말라. 자신을 뛰어넘을 수 있는 일을 시도해보라!"고 말했습니다.

존 맥코넬은 워싱턴 인더스트리사를 창건하여 경이적인 성장을 거듭하였고, 연 500만 달러라는 엄청난 수익을 올리게 되었습니다. 그러한 이유가 자신의 한 가지 신념 때문이었다고 고백합니다. 그 신념은 바로 "남에게 대접받기를 원하는 대로 남을 대접하라"는 것입니다. 쉽게 생각하면 남들이 내게 해주기를 원하는 대로 먼저 내가 베풀어야 한다는 말이지만 내면적인 의미는 조금 다릅니다. 남의 입장을 나의 처지로 바꾸어놓고 그 사람의 입장에 대해 생각할 줄 알아야 한다는 것입니다. 서로의 입장을 생각해줄 수 있는 사람이 모인 회사라면 당연히 성공할 수밖에 없는 것입니다. 돈만 생각하면 망할 수밖에 없습니다.

**사람에게도 등급이 있다!**

**남자**

4등급 : 성질만 있다

3등급 : 돈도 있다

2등급 : 인물도 있다

1등급 : 능력도 있다

**여자**

4등급 : 바람만 들었다

3등급 : 요리는 잘한다

2등급 : 얼굴도 예쁘다

1등급 : 마음도 곱다

**백수**

4등급 : 시간만 많다

3등급 : 약속도 있다

2등급 : 할 일도 많다

1등급 : 명함도 있다

우리는 스트레스를 받으면 죽는 것이 아니라 풀어버려야 합니다.

　영화 〈프린세스 다이어리 2〉에서 "용기란 겁이 없는 것이 아니라 겁보다 중요한 것이 있음을 깨닫는 것이다"라고 말하고 있습니다.

역경을 그대로 놓아두면 더 큰 역경을 만납니다. 유머, 열정, 자신감으로 시련과 역경을 극복해나가야 합니다. 자신의 무능, 연약함, 나약함, 도전정신의 결여에 대하여 화끈하게 화를 내고 삶을 확 변화시켜야 합니다. 삶 속에서 걱정거리, 근심거리, 고민거리만 만들지 말고 낭만거리, 추억거리, 행복거리를 만들며 멋지게 살아야 합니다. 절망적인 순간에서도 일어날 수 있는 용기를 가져야 합니다. 역경이 인간을 완성시킵니다. 그리고 극복하지 못할 역경이라고는 없습니다. 인생은 한 번뿐! 멋지게 신나게 열정적으로 살아가야 합니다.

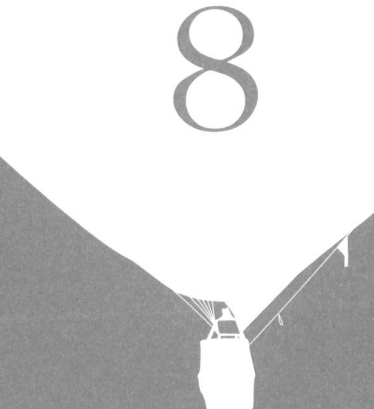

# 화끈하게 살려면 질끈 동여매라

## 8

당신의 생각이 바로 당신이다.
당신의 삶을 변화시키려면 사고방식을 바꾸어야 한다.
변화는 언제나 새로운 사고방식에서 시작된다.

-나폴레온 힐-

성공하려면 사람이 화끈해야 합니다! 성공이라는 끈을 화끈하게 잡아당겨야 합니다. '화끈'은 맹목적인 뜨거움이 아니라 열정입니다. 열정은 자기의 능력을 다 쏟아붓는 것입니다. 바다도 화끈하게 파도쳐야 살아 있는 바다가 될 수 있습니다. 우리의 삶을 아무런 후회 없이 화끈하게 살아야 합니다. 인생의 먹구름을 떠나보내고 희망이라는 이름의 태양이 찬란하게 빛나도록 자신의 삶을 화창하게 만들어야 합니다.

세계권투챔피언 홍수환이 시합을 하면서 너무나 지쳐서 코치에게 말했습니다. "코치님! 전 지쳤습니다." 이 말을 들은 코치가 말했습니다. "상대 놈은 더 지쳤다!" 이 말을 들은 홍수환 선수가 있는 힘을 다해 펀치를 날렸더니 상대방 선수가 다운이 되었다고 합니다.

우리의 몸 안에 있는 성공을 만드는 열정에 불을 지펴야 합니다. 쓸데없이 화내지 말고 기분 좋게 살아야 합니다. 어느 때 기분이 갑

자기 좋아집니까? 봄꽃이 환장하게 피어나듯 삶을 꽃피워나가야 합니다.

우리의 모든 능력을 집중하여 일하는 것이 도전입니다. 인생은 단 한 번뿐입니다. 누구에게나 동일하게 부여된 이 단 한 번뿐인 삶을 멋지게, 신나게, 열정적으로 살아가야 합니다. 자신의 삶에 열정적인 사람의 얼굴에는 웃음이 있고, 여유가 있고, 확신에 차 있습니다. 여름날 소낙비가 시원스럽게 쏟아지는 것처럼 온 세상을 적실 만큼의 열정이 있다면 그만큼 인생은 살아갈 가치가 있습니다. 삶은 그렇게 온몸에 젖어드는 비처럼 살아야 합니다. 자신이 하고 있는 일에 꿈과 비전을 다 쏟아내고, 온 열정을 다해 사랑하며 산다면 결코 후회함이 없을 것입니다. 도리어 날마다 기뻐하는 일들이 많이 일어날 것입니다.

우리에게는 생각이 중요합니다. 자신의 삶을 어떻게 펼쳐나갈 것인가 하는 기대감을 갖고 있다면 분명히 좋은 결과를 얻어낼 수 있도록 멋지게 살아갈 것입니다.

삶의 목표가 분명할 때 열정을 갖고 멋지게 펼쳐나갈 수가 있습니다. 화살을 쏘는 궁사는 과녁을 분명하게 보고 화살을 쏩니다. 비행기 조종사도 분명한 목적지를 갖고 비행을 합니다. 예술가도 자신의 작품을 알고 있기 때문에 살아 움직이는 작품을 만들어냅니다. 우리의 삶을 가치 있게 만들어야 합니다. 위대한 포부가 있는 사람이 위대한 일을 만들어내는 것입니다.

롱펠로는 가치 없는 종이쪽지에 시를 써서 6천 달러의 가치를 만들었습니다. 록펠러는 종이쪽지에 자기 이름을 사인함으로써 그것을 백만 불이 되도록 할 수 있었습니다. 미술가는 50센트짜리 캔버스 위에 그림을 그려 천만 달러의 작품도 만들 수 있습니다. 그것은 작품을 만드는 예술입니다. 우리의 삶도 마찬가지입니다. 기회가 올 때 기회를 잡아 열정적으로 도전해나간다면 어떤 어려움도 극복할 수 있습니다.

> 싱폴이 이런 말을 했습니다. "기회가 두 번 다시 당신의 문을 노크한다고 생각하지 마라." 실러는 "기회는 새와 같은 것, 날아가기 전에 붙잡아라"라고도 했습니다.

실패에서 교훈을 얻을 수 있는 사람은 큰 성공을 얻을 수 있습니다. 떡은 떡집에서 만들어내듯이 열정을 가지고 살아갈 때 꿈과 비전을 이루어갈 수가 있습니다. 우리에게 실패는 도리어 배울 수 있는 기회가 주어지는 것입니다. 누구나 실패라는 말이나 실패하는 것을 싫어할 것입니다. 그러나 실패를 체험하지 않은 사람은 참다운 성공의 진가와 가치를 모를 것입니다.

유대인의 속담에 "성공이나 실패도 버릇이다"라는 말이 있습니다. 삶을 멋지게 펼쳐나갈 수 있는 열정은 성공을 가져다주는 기본 조건입니다. 늘 성공을 말하는 사람은 성공을 이룹니다. 늘 실패만 이야기하는 사람은 실패하고야 맙니다. 우리는 성공을 이야기해야 합니다.

전 세계에서 가장 큰 피자회사인 도미노피자를 창건한 톰 모너건은 미시간주의 시골에서 고아로 자라났습니다. 그는 어렸을 때부터 한 가지 큰 뜻을 품고 살았습니다. 바로 프로야구팀인 디트로이트 타이거즈의 구단주가 되겠다는 꿈입니다. 1960년 대학을 중퇴한 그는 아주 작은 피자 가게를 하나 차렸습니다. 그리고 최선을 다한 끝에 오늘날 연간 매출액 20억 달러가 넘는 세계 최대의 피자 배달 회사인 도미노피자의 회장이 되었습니다. 현재 도미노피자는 미국 전역에만 4,100개의 지점이 있고, 13만 명의 직원이 일하고 있습니다. 그는 어린 시절의 꿈이었던 디트로이트 야구팀의 구단주가 되었습니다. 그는 인터뷰에서 이렇게 말했습니다.

"부자가 되는 최고의 준비는 꿈꾸는 것입니다. 기회가 찾아왔을 때 준비되어 있어야 하기 때문입니다. 저는 제 주변의 많은 사람들에게 전혀 이해가 되지 않는 일들을 했습니다. 그러나 저는 그 엉뚱해 보이는 일들을 결국 이루어냈습니다. 저는 오래전부터 그 일들에 대해 희망을 꿈꾸어왔습니다."

우리는 자신의 삶에 열정을 갖고 뜨거운 가슴으로 달려들어야 합니다. 자신의 삶을 후회 없이 살아 꿈과 비전을 이루어낸 성공한 사람들은 모두가 하나같이 열정을 가진 사람들입니다. 에드윈 마크햄은 "운명의 핵심은 선택이다"라고 말했습니다. 열정을 갖고 삶을 살아가는 것도 선택입니다. 그러므로 후회 없이 살려 한다면 최선을 다하여 최대의 효과를 나타내는 삶을 살아야 합니다.

나무도 열정이 있어야 꽃이 피고 열매를 맺습니다. 흐르는 강물도 열정이 있어야 바다까지 흘러갈 수가 있습니다. 바다도 열정이 있어야 파도를 칩니다. 구름도 열정이 있어야 비와 눈을 내릴 수 있습니다. 우리의 삶도 화끈하고 멋지게 흘러야 합니다.

성공을 하려면 12가지의 지혜가 필요합니다.

### 성공하기 위한 12가지 지혜

1. 목표를 설정하라. 배가 떠날 때는 가야 할 항구가 있는 것이다. 삶도 무엇을 할 것인가를 먼저 결정하는 것이 필요하다.
2. 계획을 세워라. 구체적인 계획은 일의 성공을 가능하게 하는 지름길이다. 계획은 사람의 피를 열정이 가득하게 만드는 매력을 가지

고 있다.

3. 일을 사랑하라. 나의 일이 즐거울 때 삶이 즐겁다. 일하는 것을 재미있고 즐겁게 생각하라.

4. 결단력이 있어야 한다. 한 번 결정을 내리면 앞만 보고 가라. 말을 많이 들으면 더욱 약해진다. 우유부단은 기회만 놓칠 뿐이다.

5. 끈기를 가져라. 끈기야말로 성공의 기본 열쇠다. 물 한 방울 한 방울이 바위를 뚫는다. 끝까지 최선을 다하라.

6. 노력하라. 천재를 만드는 것은 1%의 영감이요, 99%의 땀이다. 고통과 땀 없이는 얻어지는 것이 없다.

7. 도전하라. 대담해지면 모든 공포가 사라진다.

8. 용기를 가지고 도전하라. 용기는 모든 것을 정복한다. 용기가 있는 곳에 희망과 성공이 있다.

9. 믿음과 의지를 가져라. 청하는 곳에 얻음이 있고, 구하는 곳에 찾음이 있으며, 두드리면 문이 열린다.

10. 실천하라. 삶의 위대한 목표는 지식이 아니라 행동이다. 실천하는 사람만이 성공을 이룬다.

11. 검소하라. "모자는 빨리 벗되 지갑은 천천히 열어라"라는 덴마크 격언이 있다. 검소하고 절약하면 복을 받고 낭비는 재앙을 부르는 것임을 마음에 새겨야 한다.

12. 자부심을 가져라. 모든 것을 빼앗겨도 견딜 수 있지만, 자부심을 빼앗기면 견딜 수가 없다. 우리에게 중요한 것은 오직 현재 자기에게 주어진 길을 똑바로 보고 나아가는 것이다.

남과 쓸데없는 비교로 시간을 낭비할 필요가 없습니다. 우리가 웃으면 세상도 함께 웃어줄 것이지만, 우리가 울면 우리 혼자 울게 될 것입니다. 웃으십시오. 그리고 멋지게 삶을 펼쳐나가는 것입니다. 이럴 때 우리의 삶은 더 매력 있는 삶이 될 것입니다. 웃음은 우리의 삶을 멋지게 펼쳐줍니다. 우리는 삶에서 웃음꽃을 피워야 합니다. 기쁨을 잃는 것은 모든 것을 잃는 것입니다.

우리의 삶도 예술입니다. 우리의 인생을 새롭게 만들기 위해 모든 열정을 다 쏟아내야 합니다. 인생을 좋은 작품으로 만드느냐 못 만드느냐 하는 것은 우리의 마음가짐에 달려 있습니다. 이런 말이 있습니다. "배를 만들고 싶다면 나무를 잘라 손질하고, 공구를 준비하고, 일을 분배하여 나누어 주며, 일꾼들을 재촉하지 말라. 대신 그들에게 무한한 바다에 대한 그리움을 가르쳐주라." 우리는 일만을 위하여 살아가는 사람이 아닙니다. 비전이 있을 때, 꿈이 있을 때 이루어가는 보람과 기쁨이 있습니다.

우리는 삶의 열정을 갖기 위해 웨슬레의 말을 기억할 필요가 있습니다. "부지런하라. 한가하게 있지 말라. 그러나 쓸데없는 일에 부지런하지 말라. 꼭 필요한 것보다 더 많은 시간을 허비하지 말라. 시간을 정확하게 지켜라. 모든 것을 제때 정확하게 하라." 단 한 번뿐인 삶을 우리는 멋지고 신나게 열정적으로 살아가야 합니다.

사람들은 누구나 자신 안에 여러 가지 능력과 장점이 있습니다. 그 장점을 잘 살리면 삶이 더 풍요로워지고 놀라운 일들이 일어날 수 있습니다. 끝없이 추구하고 끝없는 달성해나가는 사람이 성공합니다.

봄이 오기 전이 가장 춥습니다. 해 뜨기 전이 가장 어둡습니다. 흐린 날을 겪어보기 전에는 화창한 날씨의 기쁨을 느끼지 못합니다. 삶을 새롭게 변화시키면 인생을 성공적으로 이끌어갈 수 있습니다. 진정한 변화는 성공의 시작, 행복의 시작입니다. 무능력을 능력으로, 나약을 강함으로, 가난을 부유함으로 바꾸어야 합니다. 죽기를 각오하면 못할 것이 없습니다.

마틴 루터 킹은 "목숨을 걸 만한 일을 발견하지 못한 사람은 살 자격이 없다"고 했습니다.

우리는 마음을 질끈 동여매고 계속적인 훈련과 노력을 통해서 자신의 약점을 강점으로 바꾸어놓아야 합니다. 어떤 일을 하든지 두려워하지 말아야 합니다. 벽이 있기에 문이 필요합니다. 고통이 있기에 성공이 더 아름답습니다. 강한 사람은 오래도록 유쾌한 인상으로 남지만, 약한 사람은 다시는 만나고 싶지 않은 인상으로 남습니다. 강한 사람은 자기 자신에게 의지하고 약한 사람이 기댈 수 있도록 허용해주지만, 약한 사람은 자기보다 강한 사람에게 의지하려고 하고 자기보다 약한 사람은 억누릅니다. 강한 사람은 대세를 파악하고 좀 더 나은 쪽으로 변화해나갑니다.

중국 속담에 이런 말이 있습니다. "부드럽게 걷는 사람이 멀리 간다." 또 영국 속담에는 "희망에 사는 사람은 음악이 없어도 춤을 춘다"는 말도 있습니다.

자신의 삶에 믿음과 확신을 가져야 합니다. 나는 언제나 감사하고 있습니다. 나는 언제나 올바른 방향으로 나아가고 있습니다. 나는 언제나 행복합니다. 나는 언제나 밝고 긍정적이며 적극적입니다. 타인의 행복을 바라며 남에게 도움이 되기 위해 노력합니다. 어려운 일이 닥칠 때 죽음을 선택한다면 끝이지만, 새롭게 한 걸음을 내딜는다면 거기서 새로운 길이 열립니다. 이 길은 큰 길입니다. 사람이 하는 고생에서 쓸모없는 고생은 없습니다.

우리는 강에서 어떤 진실을 배울 수 있습니까? 강은 단 하나의 목표를 가지고 있습니다. 강은 바다를 찾는 자신의 목표를 절대로 잊지 않고 포기도 하지 않습니다. 자신을 기다리고 있는 바다를 찾는 강의 영원한 추적은 그 무엇도 막을 수 없습니다. 자신이 성공을 원하고 도전한다면 아무도 막을 수 없습니다. 자신에게 있는 모든 힘을 다 쏟아야 합니다.

자기 자신을 싸구려 취급하는 사람은 타인에게도 역시 싸구려 취급을 받습니다. 상승기류를 타려면 지속적인 훈련과 노력을 통해 약점을 장점으로 바꾸어놓아야 합니다. 목숨 걸고 하면 무엇이든지 할 수 있습니다. 세상은 마음먹기에 달려 있습니다. 자신이 원하는 것을 반드시 해내고 말아야 합니다. 죽기 아니면 살기로 한다면 못할 것이 어디에 있겠습니까?

성공하는 사람들의 특징은 첫째는 믿음, 둘째는 가족,

### 셋째는 열정입니다.

끈덕진 사람이 성공합니다. 꿈을 가지고 살아야 합니다. 역경을 만나면 신발끈, 허리끈, 마음끈을 질끈 졸라매고 과감하게 부딪쳐나가야 합니다. 링에서 피 흘리는 연습과 실전이 아니고서는 챔피언이 될 수 없습니다.

자제심은 자유로운 마음입니다. 힘입니다. 만족이고 행복입니다. 자제심을 갖고 있으면 자신의 재능으로 충분히 성공할 수 있습니다.

성공을 원하는 삶은 스스로에 대한 자긍심으로 위기를 헤쳐나갈 수 있습니다. 용기는 신념과 열정을 가지고 앞으로 전진하고자 하는 감정의 회복력을 말합니다. 용기는 변화시키는 힘입니다.

따뜻한 마음과 사랑은 사람과 사람 사이를 묶어주는 끈입니다. 살면서 만나는 수많은 사람들 중에 몇 사람 가족으로 만나고, 몇 사람 친구로 만나고, 몇 사람 동료로 만나고 떠나는 것인데, 항상 따끈한 마음으로 정 주고 정 받으면서 삽시다! 멋지게 성공하며 살려면 마음이 따끈해야 합니다. 정이 있어야 살맛이 납니다. 남을 인정해주고 칭찬해주고 격려해줄 수 있는 사람이 성공합니다! 따뜻한 감성을 가져야 주변 사람들이 인간미를 느끼고 좋아하게 됩니다.

참나무 한 그루를 쓸 만하게 키우는 데는 20년이라는 세월이 걸리지만, 호박 한 개를 만드는 데는 고작 두 달밖에 걸리지 않습니다. 목표가 정확할수록 성공할 수 있는 가능성이 높습니다. 달성 가능한 목표를 향하여 모든 노력을 집중해야 합니다. 위대한 인물은 성공의 열매를 즐기기 위해 기꺼이 실패의 가능성에 맞서서 이겼습니다.

> 내 힘은 넘쳐나고 있다.
> 내 힘은 한계가 없다.
> 나는 무엇이든지 할 수 있는 능력을 가지고 있다.
> 자신감을 넘치게 가져라.
> 명작은 만드는 것이다.
> 자신의 삶을 명작으로 만들어라!

 삶의 역사를 오늘부터 새롭게 써나가야 합니다. 성공으로 가는 길은 험난의 연속이라는 것을 누구나 알고 있습니다. 고산준령을 올라가야 할 때도 있고, 깊은 계곡을 건너야 할 때도 있습니다. 모두 그러한 골짜기를 지나가야 합니다. 어떠한 역경에도 대비할 태세를 갖추어야 합니다. 조지 워싱턴 커버는 "실패의 99%는 습관적으로 변명하는 사람들이 한다"고 했습니다. 자신을 잘 발견하고 깨달아야 합니다. 자기 자신을 온전히 파악하고 이해해야 합니다. 자신을 바라보시기 바랍니다. 능력이 있다면 마음껏 발휘하고, 능력이 없다면 보충해야 합니다. 쓸데없이 한탄하며 세월만 보내는 어리석은 행동은 하지 말아야 합니다.

우리 삶이 마치 날마다 시곗바늘 돌듯이, 마치 물에 물 탄 듯이 맹맹하다면 무슨 재미가 있고 무슨 가치가 있겠습니까? 우리의 삶에는 변화를 가져와야 합니다. 단 한 번밖에 없는 삶입니다. 시간은 자꾸만 흘러가고 시간은 우리를 용서해주지 않습니다. 우리는 스스로도 감동할 수 있는 멋진 삶을 살아가야 합니다. 과연 누가 우리를 대신하여 우리의 삶을 살아주겠습니까? 우리는 우리의 삶에서 엑스트라가 아니라 주인공이어야 합니다.

우리 마음에는 항상 두 가지 마음이 살고 있습니다. 선한 마음과 악한 마음, 부지런한 마음과 게으른 마음, 긍정적인 마음과 부정적인 마음, 소극적인 마음과 적극적인 마음, 이런 마음을 나쁜 쪽으로 방치해두면 항상 악한 쪽이 우리를 이기게 됩니다. 우리는 피가 통하고 마음이 통하게 살아가야 합니다. 삶의 온도를 높여서 더 힘차게 살아갈 필요가 있습니다.

단 한 번 지상에 초대된 삶인데, 얼마나 소중한 시간들인데, 아무런 감동 없이 살아갈 수가 있겠습니까? 우리의 삶의 모습을 나이에 맞게 수놓아가야 할 것입니다.

오늘날을 불감증의 시대라고 하지만, 우리의 감정과 느낌은 생생하게 살아 있어야 합니다. 우리 삶에 느낌이 있고 감동이 있다는 것은 얼마나 행복한 일입니까? 작은 풀잎도 꽃을 피우고 작은 벌레도 울음을 우는데, 우리도 삶에 희로애락을 느끼며 행복하게 살아야 합니다. 세상이 아무리 변화된다고 하여도 진실은 살아 있는 것입니다. 우리가 바른 믿음과 바른 마음을 가지고 살아간다면 어떤 시대라도 우리는 적응하고 변화를 일으키며 살아갈 것입니다. 우리에게는 우리의 멋진 인생을 창출해낼 수 있는 사랑이라는 힘이 생명력 있게 살아 움직이고 있습니다.

상승기류를 타려면 두려움을 갖지 말아야 합니다. 두려움은 행동을 제한시키고 위축시키고 궁지로 몰아넣으려고 합니다. 온갖 것들이 우리의 갈 길을 막을 때 그 모든 것을 끊고 전진해나가야 합니다. 두려움은 희망을 좀먹게 만들고 자신감을 썩게 만듭니다. 우리를 인생의 낙오자로 만들어놓습니다. 두려움이 우리를 지배하지 못하도록 용감해져야 합니다. 역경을 그대로 놓아두면 더 큰 역경을 만납니다. 유머, 열정, 자신감으로 시련과 역경을 극복해나가야 합니다. 두려움과 맞서면 두려움이 도망치고 말 것입니다.

당신의 몸 안에 성공을 만드는 열정을 확 불질러야 합니다. 봄꽃이 환장하게 피어나듯이 삶을 꽃피워야 합니다. 자신의 꿈과 희망을 도둑맞지 말고 꿈을 현실로 만들어야 합니다. 우리의 모든 능력을 집중하여 일하는 것이 도전입니다! 끝없이 추구하고 끝없이 달성해 나가는 사람이 성공합니다! 성공하려면 움직여야 합니다. 상품을 확실하게 알고 고객을 만나고 성공을 만들어가야 합니다.

### 행복을 느낄 수 있다는 것은

삶이란
바다에 잔잔한 파도가
치고 있다는 것이다


사랑하는 사람과 함께할 수 있어
낭만이 흐르고 음악이 흐르는 곳에서
서로의 눈빛을 통하며
함께 커피를 마실 수 있고


흐르는 계절을 따라

사랑의 거리를 함께 정답게 걸으며
하고픈 이야기를 정답게 나눌 수 있다는 것이다

사랑하는 사람과 한 집에 살아
신발을 나란히 놓을 수 있으며
마주 바라보며 식사를 할 수 있고
잠자리를 함께하며
편안히 눕고 깨어날 수 있다는 것이다

서로를 소유할 수 있으며
서로가 원하는 것을 나누며
함께 꿈을 이루어가며
기쁨과 웃음과 사랑이 충만하다는 것이다

행복을 느낄 수 있다는 것은
보이지 않는 삶의 울타리 안에
평안함이 가득하다는 것이다

> 삶이란
> 들판에 거세지 않게
> 가슴을 잔잔히 흔들어놓는
> 바람이 불고 있다는 것이다

    우리는 이 세상에서 성공한 사람들이 소유한 것을 모두 다 가지고 있습니다. 두 팔과 두 손, 두 다리 그리고 지혜롭게 사용할 수 있는 두뇌입니다. 성공한 사람들은 모두 이러한 장비를 가지고 시작했습니다. 그러므로 우리는 정상을 향하여 날마다 새롭게 출발해야 합니다. 그리고 "나는 할 수 있다"고 긍정적인 말을 해야 합니다. 정의롭고 위대한 사람들을 바라보기 바랍니다. 그들도 역시 우리가 사용하는 식사도구로 음식을 먹고 있습니다. 우리도 성공한 사람들처럼 보람을 만들 수 있습니다. 우리가 하려고만 한다면 위대하게 될 수 있습니다.

    우리는 상승기류를 탈 준비가 잘 갖추어져야 합니다. 우리에게는 몸과 마음과 지혜가 있습니다. 성공한 사람도 처음에는 우리와 다를 바가 없이 시작했습니다.

우리가 직면해야 할 장애가 있습니다. 우리는 우리의 갈 길을 스스로 정해야 합니다. 우리가 어디로 가기를 원하는지, 얼마나 많이 열심을 낼 것인지는 스스로 결정해야 합니다. 하나님은 우리가 원하는 것을 결정하도록 하셨습니다.

용기는 영혼 안에서 나와야만 하고, 사람은 승리하고자 하는 의지를 가져야 합니다. 우리 스스로 해결해야 합니다. 우리는 성공한 사람이 가진 모든 것을 가지고 태어났습니다. 그들은 모두 당신이 갖춘 장비를 가지고 시작했습니다. 우리는 자신에게 분명하고 똑똑하게 말해야 합니다. "나는 할 수 있다!"

웨인 다이어는 《행복을 파는 외계인, 미친 초록별에 오다》에서 "당신들은 삶을 복잡하게 만들려고 한다. 아무도 이해하지 못하는 화려하고 현학적인 문구들을 써놓고 그것을 '지성'이라고 부른다. 하지만 정말 뛰어난 작가와 예술가, 교육자들은 간단하고 명쾌하며 정확한 언어를 사용하는 사람들이다. 그냥 단순하게 살라. 복잡함을 버리고 혼란을 제거한다면 인생을 즐기는 일이 단순하고 간단해질 것이다"라고 말하고 있습니다.

남을 인정해주고 칭찬해주고 격려해줄 수 있는 사람이 성공합니다. 따뜻한 감성을 가져야 주변 사람들이 인간미를 느끼고 좋아하게 됩니다. 단순하게 행복을 누리며 살아야 합니다.

꼴을 제대로 갖춰라

9

사람의 얼굴은 하나의 풍경이다.
한 권의 책이다.
얼굴은 결코 거짓말을 하지 않는다.

―발자크―

　　　　　　　　　꼴은 그 사람의 삶의 모습입니다. 꼴은 사람의 생김새나 됨됨이를 말할 때 쓰는 말입니다. 꼴은 나 자신의 인생 표현입니다. 꼴은 단순히 사람의 얼굴을 말하는 것만은 아닙니다. 외모, 체격, 체구와 마음까지를 말하는 것입니다. 꼴을 꼴답게 살아야 제대로 사는 것입니다. 꼴이 사납게 살면 절대로 안 되는 것입니다. 키가 작으면 어떻고, 얼굴이 못생기면 어떻고, 환경이 좋지 않으면 어떻습니까? 삶은 자기가 어떻게 하느냐에 따라 달라지는 것입니다. 불평 불만은 제 꼴만 못되게 만드는 것입니다.

　우리나라에는 꼴에 관한 말들이 많이 있습니다.

　　　얼굴값하다 – 생긴 얼굴에 어울리는 태도나 행동
　　　얼굴에 똥칠하다 – 얼굴에 똥칠을 한 것만큼이나 심한
　　망신을 당하는 것

## 얼굴을 못 들다 – 부끄럽거나 창피한 일을 당해 숨기려고 얼굴을 숙이는 행동

살아가면서 사람을 만날 때 첫인상, 첫 말이 중요합니다. 꼴은 얼굴의 모습이기도 하지만 삶의 모양이기도 합니다. 우리는 삶의 모양을 어떻게 만들어야 합니까? 제대로 멋지게 만들어야 합니다. 빈틈없이, 정확하게, 확실하게, 착오 없이 만들어야 합니다. 최고의 걸작품을 만들어야 합니다. 음식도 모양이 좋은 음식이 맛있습니다. 음식점도 밑반찬이 제대로 나오는 곳이 음식을 맛있게 합니다. 여러 가지 음식을 다양하게 많이 하는 곳보다 하나라도 제대로 하는 음식점이 맛도 있고 손님도 많이 찾아옵니다.

사람도 느낌이 좋은 사람이 참 좋습니다. 만나도 좋고, 같이 일해도 좋고 생각만 해도 좋습니다. 살아가면서 사람들에게 "별꼴이야! 꼴좋다!"라는 말을 들어서는 안 됩니다. 링컨의 얼굴을 떠올려보십시오. 높고 두툼하면서 쭉 뻗은 코가 그렇게 시원할 수가 없습니다. 거기에다가 보기 좋게 늘어진 인중이라든가 그 밑에 단정하게 자리 잡고 있는 절묘한 입술을 보시기 바랍니다. 가만히 링컨의 입술을 보면 아랫입술이 윗입술의 상당 부분을 덮고 있습니다. 거기에다가 엄청나게 큰 귀와 필요 없는 살 한 점도 없는 광대뼈가 멋있습니다.

링컨의 얼굴은 대단히 복잡한 것 같으면서도 대단히 단순합니다. 촌스러우면서도 범할 수 없는 어떤 위엄을 가지고 있습니다. 입만 열면 유머가 쏟아져 나올 것만 같은 얼굴입니다. 이 얼굴이 바로 노예해방을 이루어낸 대통령의 얼굴입니다.

여러분의 모습을 살펴보시기 바랍니다. 얼마나 멋진 얼굴입니까? 우리는 자신의 얼굴을 보며 행복하고 멋지게 살아가야 합니다. 멋지게 성공하려면 자기 얼굴값은 하고 살아야 합니다. 어떤 일에도 결코 대가 없는 성공은 없습니다!

우리가 새롭게 되기 위하여 버려야 할 12가지는 게으름, 무책임, 무기력, 교만함, 거만함, 거짓말, 고집불통, 무관심, 간섭, 편견, 비난, 모함입니다. 반면 우리가 새롭게 되기 위하여 가져야 할 12가지는 꿈, 비전, 열정, 바람, 사람, 자신감, 끈기, 기다림, 도전정신, 칭찬, 이해심 그리고 배려입니다.

숯과 다이아몬드는 둘 다 성분이 탄소입니다. 그러나 가치에 있어서 숯과 다이아몬드는 전혀 다릅니다. 우리는 숯이 아닌 다이아몬드의 삶을 살아야 합니다. 다이아몬드의 품질을 결정하는 것은 투명도, 중량, 색상, 컷입니다. 좋은 다이아몬드는 첫째 투명하고 불순물이 없어야 합니다. 우리 삶도 진실하고 정직해야 합니다. 둘째는 중량입니다. 크고 무거운 다이아몬드일수록 그 가치가 더욱 커집니다. 우리도 가볍지 않게 가치 있는 삶을 살아야 합니다. 셋째로 색깔입니다. 가치 있는 보석은 신비한 빛을 발합니다. 우리 삶에도 빛과 향기가 있어야 합니다. 넷째로 모양과 결입니다. 보석은 깎이는 각도와 모양에 따라 가치가 달라집니다. 가치 있는 사람은 어디서나 필요한 사람이 됩니다.

### 좋은 이미지를 갖기 위한 방법

1. 자신감을 가져라. 자신의 약점보다 장점을 바라보고 자기비판보다는 자신의 성공과 행복을 스스로에게 확신시킬 수 있는 사람만이 성공한다.

2. 남과 비교하지 마라. 세상에는 나보다 잘난 사람도 있고 못난 사람도 있기 마련이다.

3. 행복해지겠다고 결심하라. 사람은 자신이 작정한 만큼 행복해질 수 있다. 자신의 태도가 주위의 여건보다 훨씬 더 중요하다.

4. 자신에 대한 불행함과 삶에 대한 허무감을 버려라. 그런 느낌은 지나치게 자기중심적인 데서 나오는 것이다. 정말로 불행한 처지에

있는 삶을 생각하고 도울 생각을 찾으라.

5. 긍정적이고 낙관적인 사람과 교제하라. 가까이 지내는 사람의 기분과 행동은 우리의 기분과 행동에 전염된다.
6. 지나친 죄의식을 갖지 마라. 다른 사람의 기분과 감정이 모두 자기 책임이라고 생각하는 것은 오만이다.
7. 모든 일에 머리를 써라. 성공한 사람들은 항상 작은 일에도 머리를 써서 향상시킬 수 있는 방법을 찾는다.
8. 완벽주의자가 되지 마라. 인간이기에 실수하게 마련이다. 최선을 다하되 결과는 맡겨라
9. 어린아이처럼 하루를 시작하라. 어린아이들은 매일매일 자기에게 좋은 날이 될 거라는 새로운 기대 속에서 새날을 시작한다.
10. 자신의 삶에 기대와 자부심을 가져라. 항상 돕는 사람이 있다고 생각하라.

행복한 얼굴을 만들려면 어떻게 해야 하겠습니까? 사람을 만나서 그 사람이 어떤 사람인지 알려면 어디를 제일 먼저 보게 됩니까? 가장 중요한 것은 그 사람의 얼굴에 나타나는 빛깔과 느낌입니다. 얼굴 표정이 밝고 빛이 나는 사람, 웃음이 가득한 사람은 성공적이고 희망이 있습니다. 얼굴 표정이 어둡고 늘 찡그리는 사람은 그만큼

쉽게 좌절하는 편입니다. 얼굴 표정과 마음은 바로 연결되어 있습니다. 마음이 어두우면 얼굴 표정도 어둡습니다. 마음이 밝으면 얼굴 표정도 밝습니다. 밝은 얼굴은 행복하다는 증거입니다. 마음속에 꿈과 비전을 간직하면 행복한 사람이 됩니다. 불행을 생각하는 사람보다는 행복을 꿈꾸며 이를 이루어가는 사람의 표정이 밝습니다. 행복한 얼굴은 행복한 삶을 만들어갑니다.

이 세상에는 소중한 것들이 많이 있습니다. 그중에서 가장 귀중한 것은 사랑입니다. 사랑을 많이 받은 사람이 자신감이 넘치고 겸손합니다. 그리고 베풀 줄 아는 마음을 가지고 있습니다. 우리가 베푸는 따뜻한 마음, 칭찬을 해주는 언어, 정겨운 눈동자, 명랑한 목소리, 힘 있는 악수, 이 모든 것들은 자신에게도 자신감을 주고 우리 주변에 있는 사람들에게도 희망과 사랑을 나누어 주게 됩니다. 하고자 하는 일에 집중하면 성공하게 될 것입니다. 목표를 달성하면 더 새롭게 변화합니다. 할 수 없다고 생각했던 일을 해내면 놀랄 정도로 자신의 모습이 달라집니다. 자신에게 주어진 시간을 최대한 활용해야 합니다. 문제가 있다면 해결해나갈 수 있어야 합니다.

노먼 빈센트 빌은 《믿는 만큼 이루어진다》에서 "한 번뿐인 인생에서 나를 이용해 무언가 꼭 이루고 싶은 마음은 멀리 뻗어가 기적이 일어나도록 한다. 무언가 되고 싶고, 하고 싶고, 앞으로 나가고 싶고, 위로 오르고 싶고, 삶에 더 많은 의미를 부여하고 싶은 욕망은 기적을 만드는 재료들이다"라고 말했습니다.

희망은 우리 삶에서 피어나는 꽃입니다. 희망을 보여주는 얼굴은 지금 사랑하고 있는 사람입니다. 그의 얼굴은 빛나고 웃음이 있습니다. 그리고 기도를 드리고 일어서는 사람의 얼굴입니다. 기도는 미래를 기대하는 마음에서 드리는 행동이기 때문입니다. 예술가의 작품을 만드는 모습에서도 희망이 보입니다. 예술가는 완성된 작품을 미리 구상하며 만들어갑니다. 꿈과 비전이 있는 젊은이의 얼굴에서도 희망은 보입니다. 젊은이는 꿈을 현실로 바꿀 수 있는 열정이 가득합니다. 젊은이에게는 미래가 열려 있습니다. 자기 일을 마치고 일어서는 사람들의 얼굴에도 희망이 보입니다. 희망이 없는 세상은 없습니다. 희망은 가슴에서 피어나는 꽃입니다.

세계 제일의 부자가 행복의 골짜기에 살고 있습니다. 그는 오래가는 물건, 잃을 턱이 없는 물건, 만족과 건강과 평안을 주는 물건을 가지고 있습니다. 그는 남의 행복을 찾아줌으로써 스스로의 행복을 찾아냈습니다. 그는 균형 잡힌 생활과 식사로 건강을 얻었습니다.

그는 남을 미워하거나 원망하지 않았습니다. 모든 사람을 사랑했습니다. 그는 여유를 가지고 사랑의 노동을 하였습니다. 그러므로 피곤하지 않았습니다. 그의 기도는 지금 가지고 있는 재산의 소중함을 알고 그 뜻을 받아들여 맛보게 해달라는 것이었습니다. 그는 항상 남의 이름에 경의를 표하였습니다. 어떤 경우든 남을 해치는 일을 하지 않았습니다. 그는 도움을 바라는 사람에게 자신의 전부를 주었습니다. 그 외에는 아무것도 바라지 않았습니다. 그는 양심에 충실하여 잘못을 범하지 않았습니다.

### 함께 있으면 느낌이 좋은 사람

1. 왠지 모르게 기분이 좋아지는 사람
2. 유쾌한 분위기를 만드는 사람
3. 의욕이 샘솟게 만들어주는 사람
4. 모든 것이 멋지게 보이게 해주는 사람
5. 만나면 즐거워지는 사람
6. 마음이 안정되게 해주는 사람
7. 무슨 이야기든지 하고 싶어지는 사람

우리는 아름답게 살아야 합니다. 남자와 여자를 만족시키는 법에 대한 우스갯소리가 있습니다.

　남자가 여자를 만족시키는 법은 다음과 같습니다.

　"보살펴주고, 귀여워해주고, 대화해주고, 먹이고, 재우고, 놀아주고, 안아주고, 예쁘다고 해주고, 이야기를 들어주고, 쓰다듬어주고, 함께 외출해주고, 쇼핑해주고, 선물을 사주고, 해줘야 할 것이 너무나 많다."

　그렇다면 여자가 남자를 만족시켜주는 법은 무엇일까요?

　"옷을 벗어주면 된다."

　인생을 살려면, 봄에는 봄꽃이 환장하게 피듯이 살고, 여름에는 소낙비가 쫙 쏟아지듯이 열정적으로 살고, 가을에는 단풍이 붉게 물들듯이 미치도록 살고, 겨울에는 흰 눈이 펑펑 내리듯이 멋지게 살아야 합니다. 단 한 번뿐인 삶을 파도처럼, 바람처럼, 불처럼 살다가야 합니다!

### 인간의 기본적인 여섯 가지 감정

1. 슬픔 : 눈썹이 올라가고 이마가 찌푸려진다

2. 놀람 : 눈썹이 올라가고 입이 벌어진다

3. 분노 : 눈썹이 내려가고 매서운 눈초리와 치아가 보인다

4. 행복 : 입과 눈언저리가 올라가고 눈을 크게 뜨며 입이 벌어진다

5. 공포 : 눈썹이 올라가고 눈을 크게 뜨며 입이 벌어진다

6. 혐오 : 코를 찡그리고 입을 벌린다

자신의 감정을 있는 그대로 표현하고 살면 삶은 엉망이 됩니다. 때로는 억제도 하고, 때로는 표현도 하며, 시기적절하게 살아야 합니다. 삶은 아름답게 살아야 합니다. 내가 아름답게 살아야 다른 사람들도 삶을 아름답게 만들어주는 것입니다. 이것이 바로 조화로운 삶입니다.

아름답게 사는 방법은 다음과 같습니다.

<blockquote>
입술이 아름답고 싶으면 친절한 말을 하라.

눈이 사랑스럽고 싶으면 사람들에게서 좋은 점을 보아라.

몸매가 날씬하고 싶으면 네 음식을 배고픈 사람과 나누어라.

머리카락이 아름답고 싶으면 하루에 한 번이라도 어린이가 네 머리를 쓰다듬게 하라.

자세가 멋지고 싶으면 결코 혼자 걷고 있지 않음을 명
</blockquote>

심하라.

사람들은 상처로부터 복구되어야 하며 낡은 것으로부터 새로워져야 하고 병으로부터 회복되어야 하고 무지함으로부터 벗어나야 하며 고통에서 벗어나야 한다.

결코 누구도 버려서는 안 된다. 기억하라.

만약 도움의 손길이 필요하다면 네 팔 끝에 있는 손을 이용하면 된다.

손이 두 개라는 사실을 기억하라.

한 손은 너 자신을 돕는 손이고 다른 한 손은 남을 돕는 손이다.

무성영화 시절 세계적인 코미디언으로 사랑을 받았던 찰리 채플린은 여러 번 결혼을 했습니다. 그는 마지막 아내를 만나 이렇게 고백했습니다. "우나 오닐을 좀 더 일찍 만났다면 사랑을 찾아 헤매는 일은 없었을 것이다. 세상에서 단 한 사람에게만 느낄 수 있는 것이 바로 사랑이다."

힐러리 클린턴은 빌 클린턴 대통령이 백악관에서 바람을 피운 것이 들통나 세계 여론의 질타를 받고 있을 때, 이 말을 통해 위기를 극복하고 현재 남편 클린턴과 함께 세계무대에서 일하고 있습니다.

"극심한 고통과 분노의 시간이 있었지만, 내 인생의 절반을 그와 함께했다. 그는 좋은 사람이다. 어떤 일이 있어도 이어질 깊은 끈이 우리 사이에 존재한다. 그것이 사랑이다."

삶에 어려움이 닥칠 때 분노하는 것도 중요하지만, 어떻게 살아가느냐가 더 중요합니다. 그러나 우리 남성들은 자신의 아내가 힐러리 클린턴이 아니라는 사실을 분명하게 알아야 합니다.

### 삶의 아름다운 장면 하나

그대는
기억하고 싶고
소중하게 간직하고 싶고
누구에게나 말하고 싶은

삶의 아름다운 장면 하나
간직하고 있습니까

그 그리움 때문에
삶을 더 아름답게 살아가고 싶은
용기가 나고
힘이 생기는

삶의 아름다운 장면 하나
간직하고 있습니까

# 끝을 제대로 끝내라

## 10

매사에 끝내기를 잘하라.
당신이 기쁨의 문을 지나 안으로 들어갔다면 슬픔의 문으로 나오지 않으면 안 되고,
슬픔의 문으로 들어갔다면 기쁨의 문으로 나와야 하는 것이 행운의 집이다.
그러므로 언제나 마지막 단계를 생각해야 하고,
들어갈 때의 박수갈채보다 나올 때의 행복을 더 중요시해야 한다.

─ 로렌조 그라시안 ─

　에머슨은 "미래는 준비하는 사람의 몫이다"라고 말했습니다. 미래를 준비하고 달려온 사람은 자신이 원하던 것을 이루는 기쁨에 펄쩍 뛰어도 좋은 날이 올 것입니다. 그러므로 우리는 살면서 "저 사람 정말 끝내준다"라는 말을 들을 정도로 자신이 하는 일에 최선을 다해 끝까지 잘 이루어내어 유종의 미를 거두어야 합니다.

　처음과 시작도 중요하지만, 끝을 제대로 낼 줄 아는 사람이 진정한 성공입니다. 책을 읽어도 끝까지 읽어야 합니다. 사랑을 해도 변덕 부리지 말고 목숨이 다하는 날까지 끝까지 사랑해야 아름다운 사랑입니다. 시작도 좋지만 끝도 좋은 사람은 신뢰받을 수 있고, 상승 기류를 타고 분명히 성공할 수 있습니다.

　태양이 뜰 때도 아름답지만 노을이 질 때도 아름답습니다. 우리 인생도 그토록 멋지게 살아야 합니다.

> 알랭은 "비록 재주가 뛰어나지 못하더라도 꾸준히 노력하는 사람은 반드시 성공을 거두게 된다"라고 말했습니다.

 매사 모든 일에 꾸준하고 열심히 하는 사람이 삶을 제대로 살아가는 것입니다. 매사에 철저한 사람, 신용을 잘 지키는 사람, 약속을 분명하게 지키는 사람이 항상 일을 제대로 끝내는 것입니다. 우리가 시작한 일은 멋지게 끝을 마무리해야 합니다. 일을 제대로 마무리하면 삶에 보람을 느끼고 마음에는 평안이 찾아옵니다. 이 세상에 마음의 평안보다 소중한 것은 없습니다. 마무리를 잘하기 위해서는 삶의 길을 한 걸음씩 한 걸음씩 날마다 최선을 다해 살아야 합니다. 잘 나가던 사람들이 헛된 짓을 하다가 쓰러지고 넘어지고 좌절하는 것을 종종 봅니다. 특히 황혼에 실수하여 모든 것을 하루아침에 잃어버리는 경우도 있습니다.

 유능한 운동선수들도 혹독한 훈련 속에서 마지막 순간까지 포기하지 않고 뛰어 승리를 만듭니다. 우리가 땀 흘린 만큼, 열정을 쏟은 만큼, 시간을 들인 만큼, 좋은 결과가 만들어집니다. 금메달을 목에 걸고 박수를 받는 것은 영원히 잊지 못할 감격의 순간이 될 것입니다. 그러므로 우리는 삶이라는 시간을 결코 낭비하지 말고 언제나 최선을 다해야 합니다. 자신의 일에 자부심을 가지고 끝까지 해내야 합니다. 자신이 원하던 것들을 끝까지 도전하여 이루어냈을 때의 벅찬 감동은 인생에서 맛볼 수 있는 최고 기쁨의 순간입니다. 바로 이러한 감동의 주인공이 되어야 합니다. "오! 내가 드디어 이 일을 해냈습니다!"라고 환호하고 소리 지를 순간이 분명히 있어야 합니다.

> 덱스터 예거는 "대부분의 사람들은 항상 끝을 바란다. 하나의 성공으로 모든 것이 끝나는 것이라고 생각하기 때문이다. 그러나 승자들은 끝에 가까워질수록 새로운 시작이 필요하다는 것을 안다. 하나의 성공을 이루는 지점이 또 다른 성공을 위한 시작 지점임을 아는 것이다"라고 말했습니다.

모든 사람들이 대서양 횡단 해저무선 부설 계획을 두고 무모하고 공상적인 처사라고 비웃었을 때 필드는 이렇게 말했습니다. "나는 할 수 있다!" 사람들이 미국 횡단 기구 비행을 할 수 없다고 말했을 때 반즈는 3천 마일의 비행 끝에 횡단에 성공하고 나서 말했습니다. "나는 할 수 있다!"

우리는 결단코 단념하지 말아야 합니다. 인내와 분발이야말로 자신감을 되찾게 하는 것이고, 인생을 멋지게 성공으로 만들어가는 선수가 되게 하는 것입니다. 우리는 우리 삶에 성공이라는 멋진 골을 성공시켜야 합니다. 우리는 큰 기대를 갖고 성공해야 합니다. "나는 할 수 있다!"고 수없이 외치며 성공을 만들어내야 합니다.

우리가 사용하는 말이 참 중요합니다. "된다! 된다!"라고 말하면 긍정적으로 살 수 있게 됩니다. 반면 "안 된다! 안 된다!"라고 말하면 부정적으로 살 수밖에 없고, 안 되고 마는 것입니다. 언제나 끝까지 아름답게 장식해야 합니다.

사람을 만나고 헤어져도 뒷모습까지 아름다워 다시 만나고 싶은 사람이 되어야 합니다. 언제나 제대로 멋지게 일해야 합니다. 올림픽에서 금메달을 딴 선수들의 모습은 얼마나 아름답습니까? 달인의 모습이 얼마나 멋집니까? 명인들이 인생의 고난 속에서 이루어낸 결과가 얼마나 소중합니까? 9회 말에 홈런을 쳐서 팀을 승리하게 만든 야구선수는 얼마나 멋집니까?

우리의 삶도 끝까지 최선을 다하면 밝은 모습으로 가장 행복하게 웃을 수 있습니다. 우리는 모두가 끝장, 막장이라고 하는 데서 유종의 미를 이루어 최고의 아름다운 결과를 만들어내야 합니다. 죽음의 순간이 다가와도 "나는 아무런 후회 없이 잘 살아왔다!"라고 말할 수 있어야 합니다. 좋은 일들을 하고서도 가족과 주변 사람들에게 공을 돌리는 마음은 정말 아름다운 것입니다.

> 라이트는 이렇게 말했습니다. "시작이 나쁘면 결과가 나쁘다. 중도에서 실패하고 마는 일을 보면 대개는 시작이 나쁜 것을 알 수 있다. 천 리 길의 절반을 990리로 잡으라는 말이 있다. 시작이 좋더라도 중도에서 마음을 늦추면 안 된다. 무슨 일이든지 처음에 충분히 생각하고 계획을 잘 세우는 것이 중요하다. 일단 계획을 세웠으면 다른 방향을 생각하지 말고 꿋꿋이 나아가라."

일이 잘 풀릴 때나 안 풀릴 때나, 고독할 때나 행복할 때나 한 잔의 커피는 늘 친구가 됩니다. 나는 커피를 좋아합니다. 커피에는 인생의 맛이 그대로 담겨 있기 때문입니다. 커피의 쓴맛(원두)은 삶의 절망, 고통, 아픔과 같고, 단맛(설탕)은 삶의 기쁨, 감동, 환희와 같고, 프림 맛은 무언지 모를 맛이지만 조화를 이루어주는 맛입니다. 이 모든 것이 표현될 때, 인생의 맛, 커피 맛이 제대로 나는 것입니다.

김 오르는 뜨거운 커피가 맛있을 때가 있고, 얼음이 동동 떠 있는 차가운 냉커피가 맛있을 때가 있습니다. 원두커피가 맛있을 때가 있고, 자판기 커피가 맛있을 때도 있습니다. 커피의 맛도 사람의 감정에 따라 그 맛이 달라집니다. 커피는 음미하며 마실 때가 더 맛있습니다. 마음이 쓸쓸하고 고독할 때 창밖을 바라보며 커피를 조금씩 조금씩 컵을 씹듯이 마시면 기분이 묘하게 좋아집니다.

커피에 대하여 누군가 이렇게 말했습니다. "커피는 악마처럼 검고, 지옥처럼 뜨겁고, 천국처럼 달콤하다." 한 잔의 커피를 이렇게 멋지게 표현할 수 있겠습니까?

우리는 우리의 삶을 참으로 아름답고 멋지게 표현하며 살아야 합니다. 삶에 후회거리를 만들며 살기보다는 추억거리를 만들며 살아야 합니다. 하루를 살면서 한 잔의 커피와 함께 더욱더 아름다운 추억을 만들어야 합니다.

루스벨트 대통령은 커피를 마시고 나서 "커피는 마지막 한 방울까지 맛있다"라고 표현했다고 합니다. 정말 커피가 마지막 한 방울까지 맛있는 날은 일이 잘되는 날, 맛있는 음식을 사랑하는 사람과 함께 먹은 날, 기분 좋은 일이 생긴 날입니다. 커피도 마지막 한 방울까지 맛있다면 우리의 인생도 황혼이 질 때까지 더 아름답게 살아야 합니다.

커피는 같은 커피라도 어떤 시간, 어느 계절에 누구와 어디서 마시느냐에 따라 그 맛이 다릅니다. 또한 어떤 잔에 마시느냐에 따라서도 그 맛이 달라집니다. 하얀 잔에 입술이 닿으면 마치 키스하는 듯한 느낌이 나고, 커피잔 안쪽에 꽃무늬가 새겨져 있으면 커피를 마실 때 커피 향기와 함께 꽃향기가 은은하게 다가오는 듯해서 더 기분 좋게 마실 수 있습니다. 삶 속에 늘 커피와 함께할 수 있어 행복합니다.

우리 중에도 삶에 향기가 있는 사람이 있고, 삶에 맛이 있는 사람이 있습니다. 향기와 맛이 조화된 뜨거운 한 잔의 커피는 삶을 깊이 느끼게 해줍니다. 아침에 일어나 마시는 한 잔의 커피는 코끝에 다가오는 향기와 입술과 혀끝으로 느끼는 맛이 일품입니다. 나는 매일 아침 아내가 타주는 한 잔의 커피로 하루를 시작합니다. 아내가 피곤한 날이나 내가 기분 좋은 날은 아내에게 커피 한 잔을 선물하기도 합니다. 아내와 마시는 한 잔의 커피는 그 여운이 오래가기에 하루를 즐거움 속에 시작할 수 있습니다.

가을에 커피를 마시면 나도 갈색에 물들어 고독해집니다. 어디론가 훌쩍 여행을 떠나고 싶어지기도 합니다. 추운 겨울여행을 떠나 외딴 시골 간이역에서 열차를 기다리는데 열차가 연착이 되어 방송이 나옵니다. "열차 사정으로 인해 30분간 연착되겠습니다." 눈보라는 몰아치고, 몸은 힘들고 지치고, 배가 고프고, 다리는 아프고, 몸은 추울 때 자판기 커피를 뽑아들고 사랑하는 사람과 함께 커피를 마시면 마지막 한 방울까지 맛있습니다.

나는 커피에 대한 시도 많이 썼습니다.

### 한 잔의 커피

나도 모를
외로움이
가득 차올라

뜨거운
한 잔의 커피를
마시고 싶은
그런 날이 있다

구리 주전자에
물을 팔팔 끓이고

꽃무늬가 새겨진
아름다운 컵에
예쁘고 작은 스푼으로

커피와 프림

설탕을 담아


하얀 김이 피어오르는

끓는 물을 쪼르륵 따라

그 향기와 그 뜨거움을

온몸으로 느끼며

삶조차 마셔버리고 싶은

그런 날이 있다


열정이 바람같이

살고픈 삶을 위해

뜨거운 커피로

온 가슴을 적시고 싶은

그런 날이 있다

나는 시를 쓸 때 한 잔의 커피가 있다는 것이 행복합니다. 늘 커피를 마실 때마다 인생이 곧 한 잔의 커피 같다는 생각을 하기 때문일 것입니다. 커피의 그 향기, 그 맛, 그 느낌이 좋기 때문입니다. 우리 삶도 마찬가지입니다. 맛과 향기, 느낌과 멋이 있어야 삶도 살맛이 납니다. 사람을 만나도 커피와 어우러진 시 한 편에는 삶이 녹아 있고 사랑이 녹아 있기에 노래하고 싶습니다. 우리는 맛깔난 인생 속에 상승기류를 타야 합니다.

### 상승기류를 타라

살아 있는 모든 것들은
하늘을 향하여 자라난다

삶을 성공하고 싶다면
멋지게 살고 싶다면
상승기류를 타라

자신이 원하는
꿈을 하나씩 이루어가며
남에게 박수만 치지 말고
자신의 삶에도 박수를 받자

과거를 던져버리고
뒤돌아볼 시간이 없다
오직 내일을 바라보며
실패를 경험으로 삼아
도전하고 또 전진하라

삶 속에서 심장이 뛰게 하고
피와 땀과 눈물을 흘리며
진한 감동을 만들고
날마다 상승기류를 타라

단 한 번 허락되는 소중한 삶에서

> 상승기류를 타고
> 정상에 올라가보라
> 이 얼마나 신이 나고 멋진 일인가

  강의를 할 때도 시작부터 끝날 때까지 잘될 때는 기분이 아주 좋고 행복합니다. 강의 듣는 사람의 반응이 분명하고 얼굴이 행복하게 달라집니다. 책을 쓸 때도 세 번의 위기가 있습니다. 처음 쓰기가 참 어렵습니다. 너무 힘들어서 중간에 포기하고 싶어질 때가 있습니다. 또한 마지막 마무리하기가 매우 힘듭니다. 그러나 책이 출간되어 나오고 잘 팔리면 최고의 기쁨과 감동을 동시에 누리게 되는 것입니다. 세상만사가 처음과 끝이 다 좋아야 합니다.

> '홀리데이 인'이라는 호텔의 설립자인 케먼스 윌슨은 성공의 비결을 이렇게 말했습니다. "적어도 하루의 반은 일하는 것이다. 낮이건 밤이건 상관이 없다. 하루 열두 시간이다."

어떤 일을 하든지 무슨 일을 하든지 마무리가 가장 중요합니다! 아무리 처음에 잘해도 끝이 잘되지 않으면 아무 소용이 없습니다. 하비스는 "승자는 패자보다 더 열심히 일하지만 여유가 있고, 패자는 승자보다 게으르지만 늘 바쁘다고 한다"라고 말하고 있습니다. 일을 아무리 잘해도 끝을 잘못 맺으면 모든 것이 허사가 됩니다. 물건 포장을 아무리 잘해도 끝을 잘 포장하지 않으면 아무런 소용이 없는 것입니다.

우리는 홀로 살아가는 것이 아니라 함께 살아가는 것입니다. 그러므로 21세기에 성공하는 사람의 조건은 다음과 같습니다. 실망시키는 사람이 아니라 신임을 얻는 사람, 자기 명예만을 탐하는 사람이 아니라 남을 도울 줄 아는 사람입니다. 소극적인 자세로 안일하게 일하는 사람이 아니라 꿈을 가지고 열정을 다 쏟으며 자기 길에서 땀 흘리며 완주하는 사람입니다. 정력적인 사람보다 정열적인 사람, 밝히는 사람보다 밝은 남자, 때가 많은 사람보다 때를 아는 남자, 여우 같은 여자보다 여유 있는 여자, 화장기 많은 여자보다 순수한 여자입니다. 모든 일에 기회를 노리는 사람보다 작은 일부터 최선을 다하는 사람의 삶이 아름답습니다. 최선을 다한 사람은 골인 지점에 도착할 때 분명히 환호와 박수를 받습니다.

마라톤 선수가 초반에 아무리 잘 뛰어도 소용없습니다. 마지막 순간까지 잘 뛰어야 합니다. 그래야 박수를 받을 수 있습니다. 야구 경기도 9회 말 2아웃 2스트라이크 3볼에서 만루홈런을 칠 때의 감격이 대단한 것입니다. 인생도 마찬가지입니다. 최후까지 최대의 힘을 발휘해야 합니다. 인생의 막이 내릴 때까지 멋지게 성공하는 삶을 살아야 합니다!


### 내 목숨꽃 지는 날까지

내 목숨꽃 피었다가
소리 없이 지는 날까지
아무 후회 없이
그대만을 사랑하고 싶습니다

겨우내 찬바람에 할퀴었던
상처투성이에서도
봄꽃이 화려하게 피어나듯이

이렇게 화창한 봄날이라면
내 마음도 마음껏
풀어내었으면 좋겠습니다

이렇게 화창한 봄날이라면
한동안 담아두었던
그리움도 꽃으로 피워내고 싶습니다

행복이 가득한 꽃향기로
웃음이 가득한 꽃향기로
내가 어디를 가나
그대가 뒤쫓아오고
내가 어디를 가나
그대가 앞서갑니다

내 목숨꽃 피었다가
소리 없이 지는 날까지

아무런 후회 없이
그대만을 사랑하고 싶습니다

두 사람이 죽었습니다! 사람들이 말하기를 죽은 젊은 사람에게는 "잘 죽었다!"고 말하고 돌아가신 노인에게는 "잘 돌아가셨다!"고 말했습니다. 이 두 가지의 말은 삶의 끝 모습을 우리에게 잘 전해주고 있습니다.

삶이란 초반에 잘못될 수도 있습니다. 그러나 인생은 역전과 반전이 있습니다. 이 세상에 연출되는 인생의 모든 드라마는 역전과 반전의 드라마입니다. 우리도 인생이라는 드라마에서 멋지게 끝까지 상승기류를 타고 성공해야 합니다.

데니스 킴브로가 이렇게 말했습니다. "실패는 인생의 끝이 아니라 성공의 준비단계다."

엔리코 카루소가 테너 가수로 세계적인 명성을 날리고 있을 때 자선 음악회에 출연하게 되었습니다. 주최 측은 카루소에게 "이것은 자선 음악회입니다. 선생님의 명성 때문에 많은 군중이 모일 것입니다. 선생님께서는 부담 없이 편하게 노래하십시오. 특별한 기법이 없어도 됩니다"라고 말했습니다. 그러자 카루소는 몸을 일으키며 진지하게 말했습니다. "저는 지금까지 최선 이하로 노래한 적이 없습니다." 자신이 하는 일에 최선을 다한다면 아무도 그 사람에 대해서 부정적으로 말할 수가 없고 전적으로 믿고 신뢰하며 따르게 되는 것입니다.

성공하려면 타성과 자만에서 벗어나야 합니다. 어떤 일이든지 내 작품이라는 긍지와 자부심을 가지고 눈빛을 반짝이며 적극적으로 하려는 기백이 있을 때 승리는 다가오는 것입니다. 타성과 자만은 성공의 적입니다. 타성은 인간을 무사안일하게 만들고 자만은 인간을 바보로 만듭니다. 타성과 자만에서 벗어나려면 항상 문제의식을 가지고 생활하는 습관을 길러야 합니다. 문제의식은 문제 자체를 부정하는 것이 아니라 오히려 문제를 긍정적으로 받아들이면서 옳고 그름을 저울질해서 어느 쪽이 문제 해결의 실마리가 되는가를 판단하는 지혜입니다.

아무것도 못 가진 것이 도리어 기회가 됩니다. 아무런 부담 없이 처음부터 시작할 수 있습니다! 끈기란? 집중하는 것입니다. 끈기에는 에너지가 발생합니다. 끈기는 결심입니다. 잡초의 끈기를 배워서 삶에 적용해야 합니다. 가치 있는 일은 노력 없이 이루어지지 않습니다.

변화를 만들어내는 것이 곧 성공입니다. 일터에서 기쁨을 얻고 기쁨을 주는 사람이 되어야 합니다. 실패했다 말하지 말고 경험했다고 말해야 합니다. 포기했다고 말하지 말고 체험했다고 말해야 합니다. "나에게 포기는 없습니다. 포기는 배추나 셀 때 한 포기 두 포기 세는 것입니다! 나에게 실패는 없습니다. 바느질할 때 옆에 두는 것이 실패입니다!" 하고 외쳐야 합니다. 계란도 남이 깨면 프라이나 찜밖에 안 됩니다. 그러나 스스로 깨고 나오면 병아리가 되고 장닭이 되어서 새벽을 울립니다!

인생의 주인공이 되어야 합니다. 프로가 되어야 합니다. 세상이라는 바다에 성공이라는 그물을 멋지게 던져야 합니다. 인생의 마지막 종이 울릴 때까지 사랑하고 일하며 멋지게 신나게 열정적으로 살아야 합니다. 시도하지 않으면 아무것도 할 수 없습니다. 너무나 멀리 있어서 가물가물거리던 것들을 눈앞에 보이는 현실로 만들어놓아야 합니다. 삶이라는 여행을 아름답고 멋지게 하는 것입니다.

> 골리어는 "나는 속지 않으련다. 또 나는 순간의 기쁨을 위해 오랜 세월을 뉘우치며 보내지도 않으련다"고 말했습니다.

남들이 잘할 때 박수를 치면 자신도 기분이 좋아집니다. 그러나 우리는 남에게만 박수를 치지 말고 자신도 남에게 박수를 받는 삶을 살아야 합니다. 외로움도 고달픔도 달래며 끝까지 달려야 합니다. 삶은 생존경쟁입니다. 살아남은 자가 웃을 수 있습니다. 그러므로 후회하지 않는 삶을 살아야 합니다. 남을 죽이면서 성공하는 삶이 아니라 타인과 더불어 같이 사는 삶을 살아야 합니다.

어떤 일이든지 마무리를 잘해야 끝이 좋은 것입니다. 삶도, 예술도, 그 어떤 것도 기쁨에 목메어 소리치도록 멋지게 마무리를 해야 합니다. 마지막 순간까지 멋지게 장식해야 합니다. 자신이 원하던 일이 이루어질 때까지 너무 쉽게 등 돌리거나 뒷걸음치지 말고 최선을 다해야 합니다.

> "좋은 것이든 나쁜 것이든 어떠한 것도 극단적으로 끝까지 밀어붙이지는 마라"라고 로렌조 그라시안은 말합니다. "끝맺음이 좋은 것은 모두가 좋다"라는 프랑스 속담도 있습니다.

나이가 들어서 모든 것을 갖더라도 나누는 삶을 살아야 합니다. 공원을 산책하다 보면 예전에 정치를 하거나 사회적으로 유명했던 분들이 나이가 들어서 은퇴하고 산책하는 것을 봅니다. 어떤 분이 걸으면 사람들이 그 앞에 찾아가서 정중히 인사를 하고 안부를 묻습니다. 그러나 어떤 분이 걸으면 인사도 하지 않고 손가락질하는 모습을 종종 보게 됩니다. 삶을 제대로 살아야 은퇴한 후에도 존경받는 삶을 사는 것입니다. 욕심이 모든 것을 버리게 만듭니다. 언제나 욕심 부리지 말고 끝까지 순수하게 철저하게 해야 합니다.

"나에게 정말 이런 날이 올까?" 하는 그날을 만들어야 합니다. 그런 멋진 날을 만들기 위해서 상승기류를 타야 합니다. 삶이란 얼마나 멋진 것입니까? 삶이란 얼마나 아름다운 것입니까? 우리는 날마다 상승기류를 타고 올라가야 합니다. 삶을 제대로 멋지게 펼쳐야 합니다.

강의가 끝날 시간이 되었으니 우리 다시 한 번 손을 높이 들고 외쳐봅시다. "세상아! 내가 여기 있다. 나를 써라!" 다시 한 번 큰 소리를 질러 봅시다. "짜식들아! 아버지의 이름으로, 어머니의 마음으로 멋지게 살아주마, 짜식들아!" 옆에 있는 사람 손을 잡고 말합시다. "친구야! 밥 한 번 살게! 멋지게 살아보자!"

여러분 감사합니다. 늘 아름답고 멋지게 사시기를 바랍니다!

마지막으로 강의 시작에 읽어드렸던 시를 다시 한 번 읽으며 오늘의 강의를 마치겠습니다.

### 우리 살아가는 날 동안

우리 살아가는 날 동안
눈물이 핑 돌 정도로
감동스러운 일들이
많았으면 좋겠다

우리 살아가는 날 동안
가슴이 뭉클할 정도로
감격스러운 일들이
많았으면 좋겠다

우리 살아가는 날 동안
서로 얼싸안고

기뻐할 일들이
많았으면 좋겠다


너와 나 그리고
우리 모두에게
온 세상을 아름답게 할 일들이
많았으면 정말 좋겠다
우리 살아가는 날 동안에

용혜원의 강의노트
## 성공하려면 상승기류를 타라

초판 1쇄 인쇄  2012년 6월 5일
초판 1쇄 발행  2012년 6월 11일

**지은이** | 용혜원
**펴낸이** | 한 순 이희섭
**펴낸곳** | 나무생각
**편집** | 김소라
**디자인** | 이은아
**마케팅** | 김종문 이재석
**출판등록** | 1998년 4월 14일 제13-529호
**주소** | 서울특별시 마포구 서교동 475-39 1F
**전화** | 02-334-3339, 3308, 3361
**팩스** | 02-334-3318
**이메일** | tree3339@hanmail.net
**홈페이지** | www.namubook.co.kr

ⓒ용혜원, 2012
ISBN 978-89-5937-282-9 03810

값은 뒤표지에 있습니다.
잘못된 책은 바꿔 드립니다